视频教学

步步图解
电动自行车维修技能

结构、检修、实战案例，一站解决

分解图 直观学 易懂易查
看视频 跟着做 快速上手

双色印刷

韩雪涛 主编

吴瑛 韩广兴 副主编

U0369081

机械工业出版社
CHINA MACHINE PRESS

本书全面系统地讲解了电动自行车结构、原理、故障检修的专业知识和实操技能。为了确保图书的品质和特色，本书对目前市场上的电动自行车进行了合理划分，对大量不同品牌电动自行车的故障维修案例进行了整理，并将国家职业资格标准和行业培训规范融入到了图书的教学体系中。具体内容包括：电动自行车维修基础、电动自行车的维修工具和仪表、电动自行车的故障特点与检修分析、电动自行车电路元器件的检测与代换、电动自行车零部件的拆卸与检修、电动自行车电动机的特点与工作原理、电动自行车电动机的检修、电动自行车蓄电池的检修、电动自行车控制器的检修、电动自行车充电器的检修，以及电动自行车常见故障检修。

本书可供电动自行车生产、销售、维修等相关领域的专业技术人员和希望从事相关工作的初学者学习使用，也可供职业院校相关专业师生和电工电子技术爱好者阅读。

图书在版编目（CIP）数据

步步图解电动自行车维修技能/韩雪涛主编. —北京：机械
工业出版社，2021.5（2024.8 重印）
ISBN 978-7-111-67784-0

Ⅰ.①步…　Ⅱ.①韩…　Ⅲ.①电动自行车-维修-图解
Ⅳ.①U484.07-64

中国版本图书馆 CIP 数据核字（2021）第 048713 号

机械工业出版社（北京市百万庄大街22号　邮政编码100037）
策划编辑：任　鑫　责任编辑：任　鑫
责任校对：张　征　封面设计：王　旭
责任印制：张　博
北京建宏印刷有限公司印刷
2024 年 8 月第 1 版第 5 次印刷
148mm×210mm · 10 印张 · 277 千字
标准书号：ISBN 978-7-111-67784-0
定价：45.00 元

电话服务　　　　　　　　　网络服务
客服电话：010-88361066　机 工 官 网：www.cmpbook.com
　　　　　010-88379833　机 工 官 博：weibo.com/cmp1952
　　　　　010-68326294　金 书 网：www.golden-book.com
封底无防伪标均为盗版　　机工教育服务网：www.cmpedu.com

前　言

近几年，电动自行车以其便利、快捷、环保等特点得到了迅速的普及。经过几年的发展，电动自行车已经成为大众生活必备的交通工具之一。随着新技术、新工艺的不断更新，电动自行车的品种越来越多，功能越来越智能，电路结构也越来越复杂。这些变化不仅为人们的生活提供了更多便利，同时带动了电动自行车生产、销售、维修等整个领域的发展。特别是对于电动自行车维修领域，市场需求强烈。越来越多的人从事和希望从事电动自行车维修的相关工作。

然而，作为典型的机电一体化产品，电动自行车维修需要掌握系统的专业知识和极强的动手操作技能。如何能够在短时间内掌握电动自行车的电路维修知识和维修技能成为很多从业者面临的难题。

本书就是为电动自行车生产、销售、维修领域的从业人员编写的，是一本专门针对提升电动自行车原理与维修实用技能的"图解类"技能指导培训图书。

针对新时代读者的特点和需求，本书从知识架构、内容安排、呈现方式等多方面进行了全新的创新和尝试。

1. 知识架构

本书对关于电动自行车维修的知识体系进行了系统的梳理。从基础知识开始，从实用角度出发，成体系地、循序渐进地讲解知识，教授技能，让读者了解加深基础知识，避免工作中出现低级错误，明确基本技能的操作方法，提高基本职业素养。

2. 内容安排

本书注重基础知识的实用性和专业技能的实操性。在基础知识方面，以技能为主导，知识以实用、够用为原则；在内容的讲解方面，力求简单明了，充分利用图片化演示代替冗长的文字说明，让读者直观地通过图例掌握知识内容；在技能的锻炼方面，以实际案例为依托，注重技能的规范性和延伸性，力求让读者通过技能训练掌握过硬的本领，指导实际工作。

3. 呈现方式

本书充分发挥图解特色，在专业知识方面，将晦涩难懂的冗长文字简化、包含在图中，让读者通过读图便可直观地掌握所要体现的知识内容。在实操技能方面，通过大量的操作照片、细节图解、透视图、结构图等图解演绎手法让读者在第一时间得到最直观、最真实的案例重现，确保在最短时间内获得最大的收获，从而指导工作。

4. 版式设计

本书在版式的设计上更加丰富，多个模块的互补既确保学习和练习的融合，同时又增强了互动性，提升了学习的兴趣，充分调动学习者的主观能动性，让学习者在轻松的氛围下自主地完成学习。

5. 技术保证

在图书的专业性方面，本书由数码维修工程师鉴定指导中心组织编写，图书编委会中的成员都具备丰富的维修知识和培训经验。书中所有的内容均来源于实际的教学和工作案例，从而确保图书的权威性、真实性。

6. 增值服务

在图书的增值服务方面，本书依托数码维修工程师鉴定指导中心提供全方位的技术支持和服务。为了获得更好的学习效果，本书充分考虑读者的学习习惯，在图书中增设了二维码学习方式。读者可以通过手机扫描二维码即可打开相关的学习视频进行自主学习，不仅提升了学习效率，同时增强了学习的趣味性和效果。

读者在阅读过程中如遇到任何问题，可通过以下方式与我们取得联系：

网络平台：www.chinadse.org

咨询电话：022-83718162/83715667/13114807267

联系地址：天津市南开区华苑产业园区天发科技园 8-1-401

邮政编码：300384

为了方便读者学习，本书电路图中所用的电路图形符号与厂商实物标注（各厂商的标注不完全一致）一致，未进行统一处理。

在专业知识和技能提升方面，我们也一直在学习和探索，由于水平有限，编写时间仓促，书中难免会出现一些疏漏，欢迎读者指正，也期待与您的技术交流。

目 录

前言

P5, P9

▶ **第1章 电动自行车维修基础 \\ 1**

1.1 电动自行车的种类及性能参数 \\ 1
1.1.1 电动自行车的种类 \\ 1
1.1.2 电动自行车的性能参数 \\ 3

1.2 电动自行车的构造 \\ 5
1.2.1 电动自行车的整车构造 \\ 5
1.2.2 电动自行车的电路系统 \\ 9

1.3 电动自行车中的主要元器件 \\ 16
1.3.1 电动自行车中的基础电子元器件 \\ 16
1.3.2 电动自行车中的半导体器件 \\ 22
1.3.3 电动自行车中的集成电路 \\ 25
1.3.4 电动自行车中的功能部件 \\ 28

▶ **第2章 电动自行车的维修工具和仪表 \\ 31**

2.1 电动自行车维修工具 \\ 31
2.1.1 拆装工具 \\ 31
2.1.2 焊接工具 \\ 35
2.1.3 保养工具 \\ 38
2.1.4 清洁工具 \\ 40

P43, P50

2.2 电动自行车检修仪表 \\ 41
2.2.1 指针万用表 \\ 42
2.2.2 数字万用表 \\ 49
2.2.3 整车检测仪 \\ 54
2.2.4 蓄电池修复仪 \\ 56

▶ **第3章 电动自行车的故障特点与检修分析 \\ 58**

3.1 电动自行车的故障特点 \\ 58
3.1.1 机械类故障 \\ 58
3.1.2 电气类故障 \\ 61

3.2　电动自行车的检修分析　\\　65

3.2.1　机械类故障的检修分析　\\　65

3.2.2　电气类故障的检修分析　\\　66

第4章　电动自行车电路元器件的检测与代换　\\　71

4.1　电动自行车基础电子元器件的检测与代换　\\　71

4.1.1　电动自行车基础电子元器件的检测　\\　71

4.1.2　电动自行车基础电子元器件的代换　\\　73

4.2　电动自行车常用半导体器件的检测与代换　\\　79

4.2.1　电动自行车常用半导体器件的检测　\\　79

4.2.2　电动自行车常用半导体器件的代换　\\　83

第5章　电动自行车零部件的拆卸与检修　\\　88

5.1　转把的拆卸与检修　\\　88

5.1.1　转把的结构　\\　88

5.1.2　转把的工作原理　\\　91

5.1.3　转把的拆卸　\\　91

5.1.4　转把的检修　\\　92

5.2　闸把的拆卸与检修　\\　95

5.2.1　闸把的结构　\\　95

5.2.2　闸把的工作原理　\\　96

5.2.3　闸把的拆卸　\\　97

5.2.4　闸把的检修　\\　98

5.3　喇叭的拆卸与检修　\\　99

5.3.1　喇叭的结构　\\　99

5.3.2　喇叭的工作原理　\\　100

5.3.3　喇叭的拆卸　\\　101

5.3.4　喇叭的检修　\\　102

5.4　车灯的拆卸与检修　\\　103

5.4.1　车灯的结构　\\　103

5.4.2　车灯的工作原理　\\　104

5.4.3　车灯的拆卸　\\　105

5.4.4　车灯的检修　\\　105

5.5　助力传感器的原理与检修　\\　106

5.5.1　助力传感器的结构 \\ 106

5.5.2　助力传感器的工作原理 \\ 108

5.5.3　助力传感器的检修 \\ 109

5.6　仪表盘的原理与检修 \\ 110

5.6.1　仪表盘的结构 \\ 110

5.6.2　仪表盘的工作原理 \\ 110

5.6.3　仪表盘的检修 \\ 111

第6章　电动自行车电动机的特点与工作原理 \\ 115

6.1　电动自行车电动机的特点 \\ 115

6.1.1　有刷电动机的构造 \\ 115

6.1.2　无刷电动机的构造 \\ 119

6.2　电动自行车电动机的工作原理 \\ 122

6.2.1　有刷电动机的工作原理 \\ 122

6.2.2　无刷电动机的工作原理 \\ 126

第7章　电动自行车电动机的检修 \\ 132

7.1　电动自行车电动机的故障特点与拆卸 \\ 132

7.1.1　电动自行车电动机的故障特点 \\ 132

7.1.2　有刷电动机的拆卸 \\ 135

7.1.3　无刷电动机的拆卸 \\ 138

7.2　电动自行车电动机的检测与替换 \\ 147

7.2.1　有刷电动机的检测 \\ 147

7.2.2　无刷电动机的检测 \\ 154

7.2.3　电动机的代换方法 \\ 159

第8章　电动自行车蓄电池的检修 \\ 165

8.1　电动自行车蓄电池的结构特点 \\ 165

8.1.1　铅酸蓄电池的结构 \\ 165

8.1.2　锂离子蓄电池的结构 \\ 171

8.2　电动自行车蓄电池的工作原理 \\ 174

8.2.1　铅酸蓄电池的工作原理 \\ 174

8.2.2　锂离子蓄电池的工作原理 \\ 178

8.3　电动自行车蓄电池的故障检修 \\ 179

8.3.1　蓄电池电压的检测方法 \\ 179

P115, P120, P123, P126

P136, P147, P155, P156

P167, P180, P182, P192, P196

8.3.2　蓄电池容量的检测方法　\\　185

8.3.3　蓄电池安全阀和电解液的检查方法　\\　188

8.3.4　铅酸蓄电池的修复　\\　189

8.4　电动自行车蓄电池的代换　\\　205

8.4.1　蓄电池的整体代换方法　\\　206

8.4.2　单体蓄电池的代换方法　\\　211

第9章　电动自行车控制器的检修　\\　213

9.1　电动自行车控制器的结构特点　\\　213

9.1.1　有刷电动机控制器的结构　\\　213

9.1.2　无刷电动机控制器的结构　\\　219

9.2　电动自行车控制器的工作原理　\\　222

9.2.1　有刷电动机控制器的工作原理　\\　222

9.2.2　无刷电动机控制器的工作原理　\\　227

9.3　电动自行车控制器的故障检修　\\　234

9.3.1　控制器电源输入电压的检测　\\　234

9.3.2　控制器与转把之间控制信号的检测　\\　234

9.3.3　控制器与闸把之间控制信号的检测　\\　236

9.3.4　控制器与无刷直流电动机之间控制信号的检测　\\　237

9.3.5　控制器中核心器件的检修　\\　240

第10章　电动自行车充电器的检修　\\　246

10.1　充电器的结构特点　\\　246

10.1.1　充电器的外部结构　\\　246

10.1.2　充电器的内部结构　\\　249

10.2　充电器的工作特点　\\　258

10.2.1　充电器的工作原理　\\　258

10.2.2　充电器的电路分析　\\　259

10.3　充电器的故障检修　\\　261

10.3.1　充电器整体的检修　\\　261

10.3.2　充电器中主要元器件的检修　\\　263

第11章　电动自行车常见故障检修　\\　272

11.1　电动自行车不起动的故障检修　\\　272

11.1.1　电动自行车电量满但不起动的故障检修案例　\\　272

P213, P219,P234,
P235, P236, P241

P250,P266,P267

11.1.2　电动自行车全车不起动的故障检修案例 \\ 275

11.1.3　电动自行车显示正常但无法起动的故障
检修案例 \\ 278

11.1.4　电动自行车电动机进水后无法起动的故障
检修案例 \\ 280

11.2　电动自行车调速失常的故障检修 \\ 282

11.2.1　电动自行车无法定速的故障检修案例 \\ 282

11.2.2　电动自行车调速不稳的故障检修案例 \\ 284

11.2.3　电动自行车速度时快时慢的故障
检修案例 \\ 285

11.2.4　电动自行车刹车时速度加快的故障
检修案例 \\ 286

11.3　电动自行车供电失常的故障检修 \\ 289

11.3.1　电动自行车充电器不能充电的故障
检修案例 \\ 289

11.3.2　电动自行车接通电源即烧熔断器的故障
检修案例 \\ 293

11.3.3　电动自行车蓄电池不能充电的故障
检修案例 \\ 298

11.4　电动自行车部分功能失常的故障检修 \\ 300

11.4.1　电动自行车仪表盘无显示的故障
检修案例 \\ 300

11.4.2　电动自行车的转向灯不闪烁的故障
检修案例 \\ 304

11.4.3　电动自行车转向灯全不亮的故障
检修案例 \\ 306

11.5　电动自行车其他故障检修 \\ 308

11.5.1　电动自行车喇叭无声的故障检修案例 \\ 308

11.5.2　电动自行车调速转把转动的同时喇叭响的
故障检修案例 \\ 309

第1章
电动自行车维修基础

1.1 电动自行车的种类及性能参数

1.1.1 电动自行车的种类

电动车是以蓄电池为主要动力源,实现电力驱动、电力助动及变速等行驶功能的交通工具。根据结构特点的不同,电动车可分为电动自行车和电动三轮车两大类。图1-1为典型电动自行车和电动三轮车的实物外形。

电动自行车

电动三轮车

图1-1 典型电动自行车和电动三轮车的实物外形

按照款式及功能的不同,电动车又可以分为很多类型,如迷你型电动车、折叠型电动车、豪华型电动车、老年代步型电动车等。图1-2为不同用途电动车的实物外形。

图1-2　不同用途电动车的实物外形

根据电动机类别的不同，电动车又可分为采用有刷电动机和采用无刷电动机的电动车两大类。

图1-3为采用有刷电动机的电动车，这种电动车具有起动转矩大、成本低及对控制系统的要求较低等技术特点。

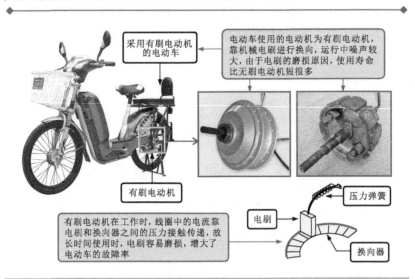

图1-3　采用有刷电动机的电动车

图1-4为采用无刷电动机的电动车，这种电动车具有功率大、

行驶速度快、爬坡能力强、噪声小等特点。

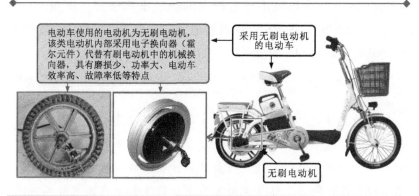

电动车使用的电动机为无刷电动机，该类电动机内部采用电子换向器（霍尔元件）代替有刷电动机中的机械换向器，具有磨损少、功率大、电动车效率高、故障率低等特点

采用无刷电动机的电动车

无刷电动机

图1-4　采用无刷电动机的电动车

1.1.2　电动自行车的性能参数

电动车整车性能参数直接反映了电动车的类型、品质及自身性能，主要包括车速、续驶里程、整车重量、整车效率、电动机额定输出功率及最大输出功率等。

 1. 车速

车速即单位时间内行驶的距离，单位为 km/h（千米/小时）。最高车速 V_{max} 是指骑行者质量（重量）为 75kg、风速不大于 3m/s 的标准条件下在平坦沥青或混凝土路面上所能达到的最高车速值。根据安全规范，电动自行车最高时速不得超过 20km/h。

 2. 续驶里程

续驶里程是指将新电池充满电，让重量（或配重质量）为 75kg 的骑行者在平坦的公路上（无强风条件下）骑行，当骑至电池电压小于 10.5V/节时断电，得到的骑行里程称为电动车的续驶里程。

续驶里程的大小主要是由蓄电池的额定容量决定的。蓄电池的额定容量小，就会导致电动自行车的续驶里程缩短。例如，一般36V 12Ah（安时）优质电池的典型电动自行车的续驶里程都标称为45～60km；48V 12Ah 的会更高一些。

要点说明

　　续驶里程是电动车的理想化参数，在实际使用过程中，实际续驶能力与电动机效率、蓄电池容量和使用寿命关系密切，同时骑行者的体重、骑行者的习惯及经常行驶的路面状况，也都会影响实际的续驶能力。如果电动车蓄电池的性能不良，电动车的续驶能力会随蓄电池的老化而直线下降。

3. 整车重量

整车重量也是选购电动车时的一个重要参考数据，特别是电动车蓄电池的重量。国家标准规定，电动车的整车重量不应超过40kg。

4. 整车效率

电动车的效率是电动轮毂效率、控制系统效率和机械转动损耗的综合体现，但主要取决于电动轮毂（电动机）效率。它可以反映出相同的电池、相同的骑行负载条件下续驶里程的长短。效率高则续驶里程长，效率低则反之。

5. 电动机额定输出功率及最大输出功率

电动机的额定功率表示当电动机工作在这个功率点时，该电动机可以连续、可靠地运行。一般电动自行车电动机的额定功率可以是150W、180W 或200W 以上。

电动机最大输出功率是衡量电动车输出转矩能力的关键指标。当外在负载较大时，电动车的工作电流达到最大值，输出功率也就达到了最大值。

1.2　电动自行车的构造

1.2.1　电动自行车的整车构造

电动自行车是以蓄电池为主能源，人力骑行作为辅助能源，可实现骑行、电力驱动、电力助动以及变速等功能。

图 1-5 所示为电动自行车的整车结构。电动自行车大致包括承重部分（车把、车架、车梯、鞍座和前叉）、人力驱动部分（脚蹬、链条、飞轮和前后轮）和刹车部分（闸线和前后车闸）等部分。

扫一扫看视频

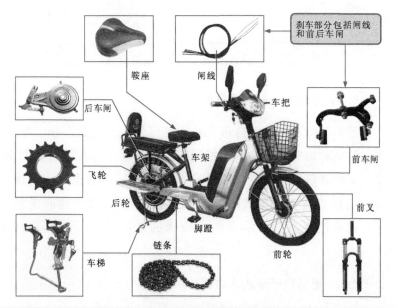

图 1-5　电动自行车整车结构

要点说明

图1-6为典型电动三轮车的整机结构。

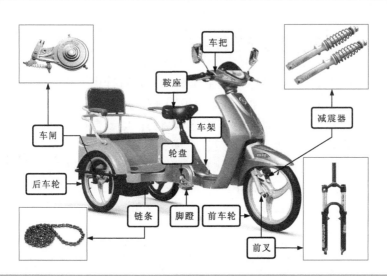

图1-6　典型电动三轮车的整机结构

1. 电动自行车的承重部分

如图1-7所示，电动自行车的承重部分主要包括车把、车架、车梯、鞍座和前叉。其中，车把用于操纵电动自行车的行驶方向，车架、车梯和鞍座用于支撑着整个车体和骑行者的重量，并承载着所有电动自行车的零部件；前叉可以随车把的转动而灵活动作，使前轮改变方向。前叉除了用来固定前轮外，还具有减振功能。

2. 电动自行车的人力驱动部分

如图1-8所示，电动自行车的人力驱动部分主要包括脚蹬、链条、飞轮和前后轮。骑行者通过踩踏脚蹬带动轮盘转动，轮盘带动链条使后轮处的飞轮转动，从而带动后轮转动，推动电动自行车前进。

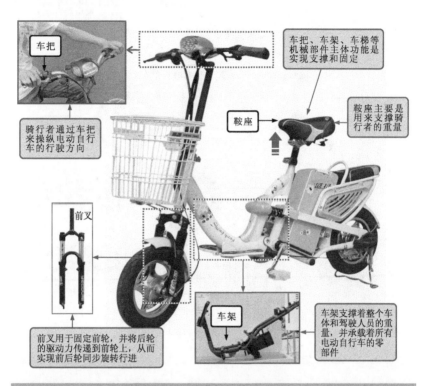

车把

骑行者通过车把来操纵电动自行车的行驶方向

前叉

前叉用于固定前轮，并将后轮的驱动力传递到前轮上，从而实现前后轮同步旋转行进

车把、车架、车梯等机械部件主体功能是实现支撑和固定

鞍座

鞍座主要是用来支撑骑行者的重量

车架

车架支撑着整个车体和驾驶人员的重量，并承载着所有电动自行车的零部件

图1-7　电动自行车的承重部分

 3. 电动自行车的刹车部分

如图1-9所示，电动自行车的刹车[⊖]部分主要包括闸线和前、后车闸。前、后车闸受闸把控制，主要用来对电动自行车进行刹车，降低行驶速度。

⊖　标准术语称为制动，本书为符合读者实际应用习惯，后文均称为刹车。

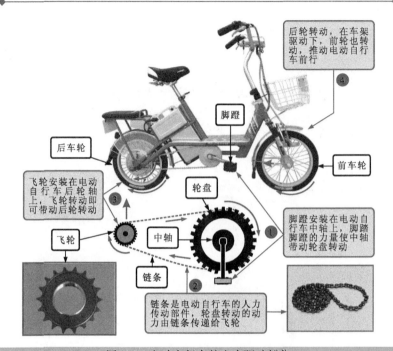

图1-8   电动自行车的人力驱动部分

图1-9   电动自行车的刹车部分

要点说明

　　电动自行车的前轮刹车部分中的车闸可以分为轮缘闸和轴闸两种。其中，轮缘闸也称钳形闸，该闸由机械杠杆、推杆和钢丝绳等构成，通过这些器件将闸皮和前轮轮圈的摩擦增大，使转动中的车轮停止。轴闸也称为抱闸、涨闸，是刹车轴承的装置，其刹车效果较好，而且使用寿命较长。

1.2.2　电动自行车的电路系统

　　图1-10所示为电动自行车电路系统的结构组成。电动自行车电路系统大致包括控制器、电动机、蓄电池、转把、闸把、仪表盘、电源锁、车灯和充电器等几部分。

扫一扫看视频

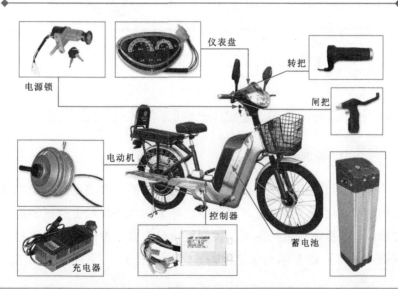

图1-10　电动自行车电路系统的结构组成

图 1-11 为典型电动三轮车的电路系统的结构组成。

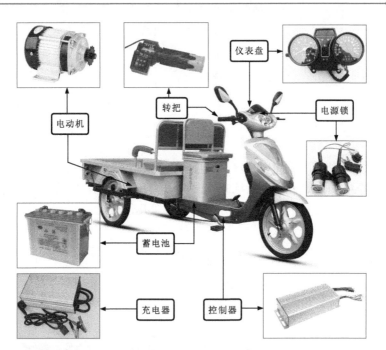

图 1-11　典型电动三轮车的电路系统的结构组成

 1. 控制器

电动自行车中的控制器也称为速度控制器，电动自行车中电动机的起动、运行、变速、定速和停止等工作状态均是由控制器进行控制的。根据电动机的不同，控制器也分为有刷控制器和无刷控制器两种，图 1-12 所示为常见控制器的实物外形。

 2. 蓄电池

蓄电池俗称电瓶，是一种储电的专用装置。它在电动自行车中的主要作用是为整机的所有电气部件供电。电动自行车中常用的蓄电池主要有铅酸蓄电池、锂离子蓄电池两种，如图 1-13 所示。

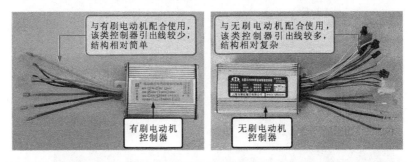

图 1-12　常见控制器的实物外形

图 1-13　电动自行车中蓄电池的实物外形

🔧 要点说明

　　铅酸蓄电池属于酸性蓄电池，是目前使用量最多的一类蓄电池，目前，电动自行车常用 3~4 块单体铅酸蓄电池串联成 36V 或 48V 两种车用蓄电池，图 1-14 所示为这两种蓄电池外形及内部结构。

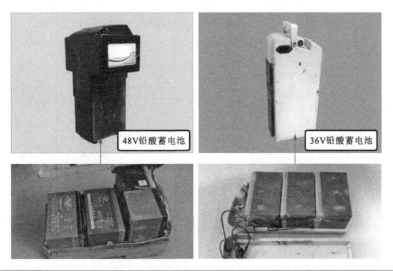

图1-14　电动自行车中蓄电池的内部结构

 3. 充电器

　　充电器是电动自行车重要的配套器件，是专门为蓄电池进行充电的装置。通常在购买电动自行车时，会根据蓄电池的型号进行配套附带充电器，其主要功能是将交流 220V 电压转换成 36V 或 48V 左右的充电电压，从而为电动自行车的蓄电池充电。图1-15 所示为电动自行车的充电器。

要点说明

　　根据充电器输出的直流电压值不同，充电器可分为 36V 和 48V 两类。此外，充电器根据蓄电池容量还可进行分类，例如 36V/10Ah、36V/12Ah 或 48V/14Ah、48V/17Ah 等。

　　通常，习惯上将电动自行车的控制器、电动机、蓄电池、充电器称为电动自行车四大件。从功能上讲，这四个部件是实现电动自行车电动功能的关键部件；从检修角度，在维修过程中，这四个部件也是检修的重点。图1-16 所示为电动自行车四大件的关系示意图。

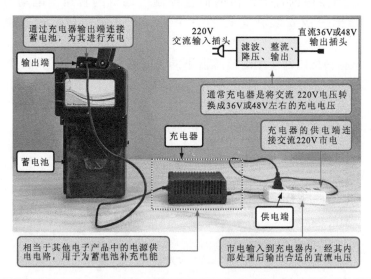

图 1-15　电动自行车中充电器的实物外形

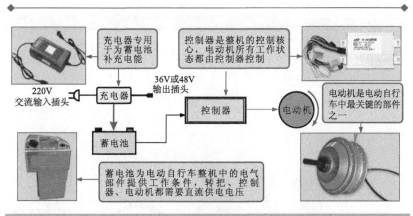

图 1-16　电动自行车四大件的关系示意图

 4. 转把

转把是电动自行车控制、调节行驶速度的重要部件，又称为调速转把，转把旋转的角度不同对应输出给控制器的信号也不同，控制器根据转把提供的信号控制电动机的转速。电动自行车的转把一般安装在车把的右手边，以方便用户进行速度的调整。

根据转把内部使用的传感器不同，可以分为霍尔转把和光电转把两种。霍尔转把是以霍尔元件作为传感器，光电转把是以光电变换器作为传感器，图 1-17 所示为不同类型转把的实物外形。目前市场上多数转把采用霍尔元件作为传感器。

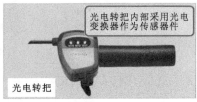

图 1-17   电动自行车中转把的实物外形

要点说明

转把通常安装在电动自行车的右手把上，用以控制电动自行车的行驶速度，大多数转把内部主要是由磁钢、霍尔元件、复位弹簧、传感线路和塑料外壳构成的，如图 1-18 所示。

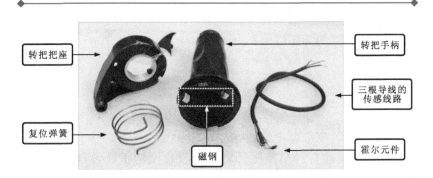

图 1-18   转把的结构组成

5. 闸把

电动自行车中的闸把就是刹车闸把，一方面是进行机械刹车，另一方面是产生电子刹车信号，使控制器切断电动机的供电，达到刹车的目的，图1-19所示为闸把的实物外形。

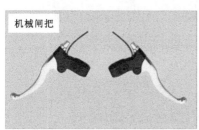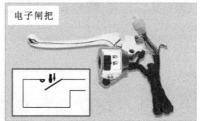

图1-19　电动自行车中闸把的实物外形

> **要点说明**
>
> 闸把的刹车方式不同，还可分为常开闸把和常闭闸把，常开闸把是指高电平时正常行驶，信号为低电平时为刹车；常闭闸把的信号的控制与上述相反，低电平时正常行驶，信号为高电平时为刹车。
>
> 闸把实际上是一种控制开关，有些采用常闭开关。电子闸把有些采用高电平控制方式，有些采用低电平控制方式，在选购时应注意控制方式。

 6. 其他电气部件

在电动自行车的电气部分中，除上述的主要电气器件之外，还设有仪表盘、车灯、电源锁等，如图1-20所示。

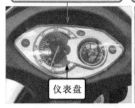
仪表盘可用来指示剩余电量、行驶状态、行驶速度等信息

仪表盘

车灯用于在黑暗环境下行驶时辅助照明或指示转向

车灯

电源锁是电动自行车的整机供电控制开关，电源锁接通，蓄电池为整机供电；电源锁断开，整机不工作

电源锁

图1-20　电动自行车中其他器件的实物外形

1.3　电动自行车中的主要元器件

1.3.1　电动自行车中的基础电子元器件

1. 电动自行车中的电阻器

电阻器是电动自行车电路板中最基本、最常见的部件之一，在电路中主要起限流、分压等作用。电动自行车电路板中采用的电阻器主要有分立式电阻器和贴片式电阻器两种。

图1-21所示为电动自行车电路板中常见的电阻器。维修人员可通过电阻器的外形来识别电阻器的种类。其中贴片式电阻器的形状类似扁平的小方块，两边焊有银白色的引脚；分立式电阻器则是通过引脚插接在电路板中。

（1）贴片式电阻器的特点

贴片式电阻器的体积较小，通常使用数字或字母对标称值进行标识，图1-22所示为典型电动自行车电路板中贴片式电阻器的标识。

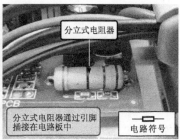

图 1-21　电动自行车电路板中常见的电阻器

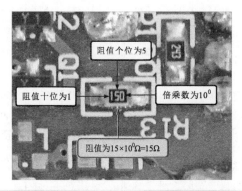

图 1-22　典型电动自行车电路板中贴片式电阻器的标识

　　贴片式电阻器的阻值通常用三位数字标示，前两位为有效数字，第三位表示倍乘数。图 1-22 中所示的电阻器标有 "150"，其中第一个有效数 "1" 表示其电阻值的十位数是 1；第二个有效数 "5" 表示其电阻值的个位数为 5；第三位 "0" 表示乘以 10^0，即图中所示电阻器的阻值为 15Ω。

要点说明

　　有些贴片式电阻的标识中含有字母 R，如某电阻器上的标识为 "2R2"，这里的 "R" 表示该电阻器阻值中的小数点，并占一位有效数字。由此可知 "2R2" 表示该电阻器的阻值为 2.2Ω。

相关资料

　　贴片式电阻器数字代码表示的含义以及字母标识倍乘数的含义见表1-1和表1-2。掌握这些数字对应的含义，便可顺利完成对直标电阻器的识别。

表1-1　数字代码表示的含义

代码	有效值	代码	有效值	代码	有效值	代码	有效值	代码	有效值	代码	有效值
01_	100	17_	147	33_	215	49_	316	65_	464	81_	681
02_	102	18_	150	34_	221	50_	324	66_	475	82_	698
03_	105	19_	154	35_	226	51_	332	67_	487	83_	715
04_	107	20_	158	36_	232	52_	340	68_	499	84_	732
05_	110	21_	162	37_	237	53_	348	69_	511	85_	750
06_	113	22_	165	38_	243	54_	357	70_	523	86_	768
07_	115	23_	169	39_	249	55_	365	71_	536	87_	787
08_	118	24_	174	40_	255	56_	374	72_	549	88_	806
09_	121	25_	178	41_	261	57_	383	73_	562	89_	852
10_	124	26_	182	42_	267	58_	392	74_	576	90_	845
11_	127	27_	187	43_	274	59_	402	75_	590	91_	866
12_	130	28_	191	44_	280	60_	412	76_	604	92_	887
13_	133	29_	196	45_	287	61_	422	77_	619	93_	909
14_	137	30_	200	46_	294	62_	432	78_	634	94_	931
15_	140	31_	205	47_	301	63_	442	79_	649	95_	953
16_	143	32_	210	48_	309	64_	453	80_	665	96_	976

表1-2　字母标识倍乘数

字母	A	B	C	D	E	F	G	H	X	Y	Z
倍乘数	10^0	10^1	10^2	10^3	10^4	10^5	10^6	10^7	10^{-1}	10^{-2}	10^{-3}

　　（2）分立式电阻器的特点

　　电动车电路板中的分立式电阻器的阻值标注，通常是用色环标注法标注的。常见的色环标注法有 4 环标注法和 5 环标注法两种。具体的标注原则如图 1-23 所示。

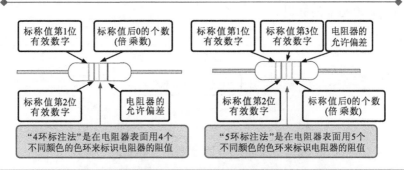

图 1-23　电阻器 4 环标注法和 5 环标注法的原则

要点说明

　　有效数字为电阻器阻值起始数字，其第一个色环距电阻器的边缘较远。电阻器的色环的颜色不同，所代表的意义不同，相同颜色的色环排列在不同位置上的意义也不同。表1-3 为色环标注法的含义。

表1-3　色环标注法的含义表

色环颜色	色环所处的排列位		
	有效数字	倍乘数	允许偏差（%）
银色	—	10^{-2}	±10
金色	—	10^{-1}	±5
黑色	0	10^{0}	—
棕色	1	10^{1}	±1
红色	2	10^{2}	±2
橙色	3	10^{3}	—
黄色	4	10^{4}	—
绿色	5	10^{5}	±0.5
蓝色	6	10^{6}	±0.25
紫色	7	10^{7}	±0.1
灰色	8	10^{8}	—
白色	9	10^{9}	—
无色	—	—	±20

色环标注法是一般电阻器常见的标识方法，通过色环的不同颜色和不同位置标识电阻值，图 1-24 所示为典型电动自行车电路板中分立式电阻器的标识。

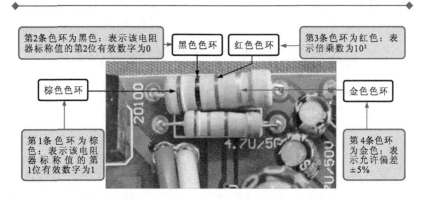

图 1-24 典型电动自行车电路板中分立式电阻器的标识

 2. 电动自行车中的电容器

电容器也是电动自行车电路板中常见的部件之一，在电路中主要起平滑滤波、耦合等作用。电动自行车电路板中采用的电容器主要有贴片式电容器和立式电容器两种。

图 1-25 所示为电动自行车电路板中常见的电容器。电容器可分为无极性电容器和有极性电容器，用字母"C"来标示。通常维修人员可通过电容器的外形来识别种类。

要点说明

电容器的容量值一般都标注在电容器的外壳上，如图 1-26 所示标注的 470V 63μ 和 103M 1kV。电解电容器外壳上标有"−"的一侧为负极，另一侧为正极。

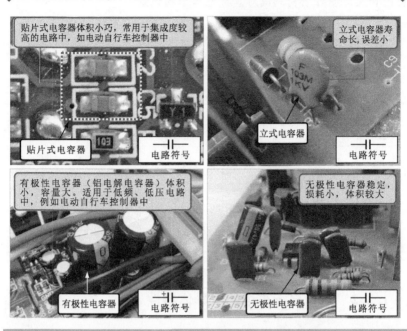

图1-25　电动自行车电路板中常见的电容器

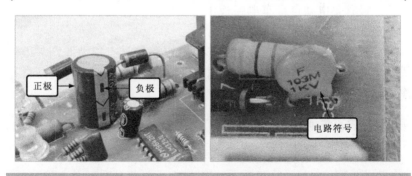

图1-26　电容器的容量值

相关资料

电容器直标法中允许误差字母的含义见表1-4。掌握这些符号对应的含义，便可顺利完成对直标电容器的识别。

表1-4　电容器直标法中允许误差字母的含义

符号	含义	符号	含义	符号	含义
Y	±0.001%	W	±0.05%	G	±2%
X	±0.002%	B	±0.1%	J	±5%
E	±0.005%	C	±0.25%	K	±10%
L	±0.01%	D	±0.5%	M	±20%
P	±0.02%	F	±1%	N	±30%
H	+100% -0%	T	+50% -10%	S	+50% -20%
R	+100% -10%	Q	+30% -10%	Z	+80% -20%

1.3.2　电动自行车中的半导体器件

 1. 电动自行车中的二极管

二极管是电动自行车电路板中常见的半导体器件之一，在电路中主要起整流、稳压、检波等作用。

二极管的功能种类较多，外形以及电路符号有很大差别，维修人员可通过外形及电路符号来识别其种类，图1-27所示为电动自行车电路板中常见的二极管。

要点说明

二极管的正、负极一般可通过外壳标识或电路板上的图形符号进行判断，如外壳上有标记一侧为二极管的负极，另一侧为正极，如图1-28所示。另外，有些电路板上，二极管的旁边标有二极管的图形符号，其中标有横线的一侧为其负极，另一侧为其正极。

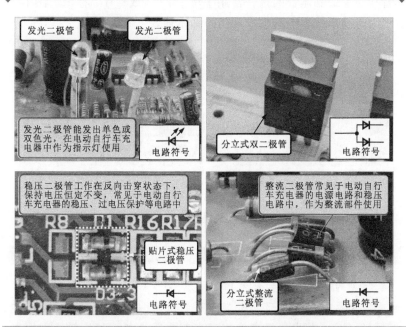

图 1-27   电动自行车电路板中常见的二极管

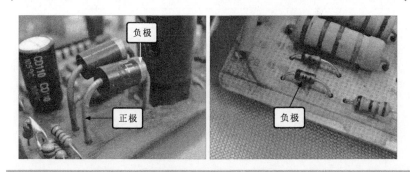

图 1-28   二极管的正、负极

 2. 电动自行车中的晶体管

晶体管是电动自行车电路中的重要元器件，在电路中主要起放大、开关等作用。在电动自行车电路板中晶体管主要分为分立式晶

体管和贴片式晶体管两种，常用字母"VT"或"Q"标识。图1-29
所示为电动自行车电路板中常见的晶体管。

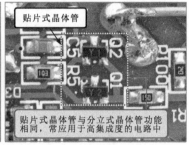

分立式晶体管

贴片式晶体管

直立式晶体管具有放大、开关等作
用，在电动自行车电路中很常见

贴片式晶体管与分立式晶体管功能
相同，常应用于高集成度的电路中

图1-29　电动自行车电路板中常见的晶体管

要点说明

　　常见的晶体管主要分为 PNP 型和 NPN 型两大类。如其图形符
号中所表示的，它的三个引脚分别为基极（b）、集电极（c）和
发射极（e）。其中基极电流的大小控制着集电极和发射极之间电
流的大小。图 1-30 所示为晶体管的结构及图形符号。

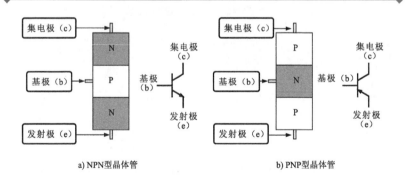

a) NPN型晶体管　　　　　　　　　b) PNP型晶体管

图 1-30　晶体管的结构及图形符号

3. 电动自行车中的场效应晶体管

场效应晶体管是一种具有 PN 结构的半导体器件，其外形与晶

体管相似，也具有三个引脚，即栅极 G、源极 S 和漏极 D。维修人员需要通过场效应晶体管上的型号标识或引脚标识来进行识别。

图 1-31 所示为电动自行车电路板中常见的场效应晶体管。在电动自行车充电器中做开关管的场效应晶体管用来实现开关振荡功能；在控制器中用于驱动信号的场效应晶体管用来实现驱动功能。

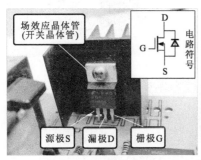
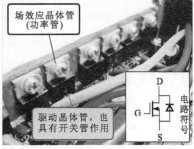

a) 充电器中的场效应晶体管　　　　　　b) 控制器中的场效应晶体管

图 1-31　电动自行车电路板中的场效应晶体管实物外形

要点说明

标有字母 G 的引脚为场效应晶体管的栅极；标有字母 S 的引脚为场效应晶体管的源极；未标有字母的引脚为漏极（D）。

1.3.3　电动自行车中的集成电路

 1. 电动自行车中的三端稳压器

在电动自行车控制器电路中，三端稳压器是重要元器件之一，主要用于将电池送来的 36V 或 48V 电压稳压后输出 +12V 或 5V 电压，供给电路中其他元器件，图 1-32 为典型三端稳压器的实物外形和电路符号。

图1-32 典型三端稳压器的实物外形和电路符号

 要点说明

　　三端稳压器的外形与晶体管也很相似，通常可根据其表面的型号标识进行识别，常见的三端稳压器有7805（78L05）、7806、7812、7815及可调三端稳压器LM317、LM337等。

2. 电动自行车中的开关振荡集成电路

图1-33为电动自行车充电器中开关振荡集成电路的实物外形。

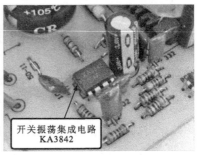

图1-33 电动自行车充电器中的开关振荡集成电路的实物外形

3. 电动自行车中的微处理器和电压比较器

图1-34为电动自行车中典型微处理器和电压比较器的实物

外形。

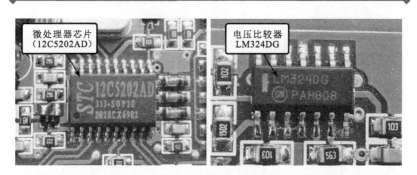

图 1-34　电动自行车中典型微处理器和电压比较器的实物外形

 4. 电动自行车中的电动机驱动控制器

图 1-35 为电动自行车中典型电动机驱动控制器的实物外形。

图 1-35　电动自行车中典型电动机驱动控制器的实物外形

 5. 电动自行车中电动机三相绕组驱动集成电路

图 1-36 为电动自行车中无刷电动机三相绕组驱动集成电路的实物外形。

图 1-36　电动自行车中无刷电动机三相绕组驱动集成电路实物外形

1.3.4　电动自行车中的功能部件

 1. 电动自行车的变压器

在电动自行车电路板中常见的变压器为开关变压器。开关变压器是开关电源电路中具有明显特征的器件，它的一次绕组是开关振荡电路的一部分，二次侧输出的脉冲信号经整流滤波后变成直流电压，为蓄电池充电。维修人员可根据变压器的外形特点和安装位置进行识别，图 1-37 所示为电动自行车电路板中常见的开关变压器。

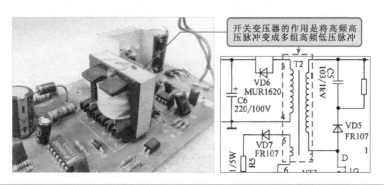

图 1-37　电动自行车电路板中常见的开关变压器

开关变压器是一种脉冲变压器，可将高频高压脉冲变成多组高频低压脉冲，其工作频率较高，为 1～50kHz。

2. 电动自行车中的喇叭

喇叭（标准术语为扬声器）主要用于电动自行车行驶过程中提醒他人的注意，以保证行车安全，通常与转向灯安装在一起，称为三合一喇叭，即可以实现报警、转向和提醒功能。

图 1-38 所示为典型喇叭的实物外形。有的电动自行车喇叭在三合一喇叭基础上加装了其他功能，称为四合一喇叭，即增加了倒车语音功能。

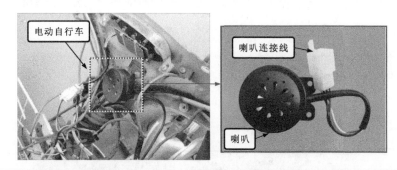

图 1-38　电动自行车的喇叭实物外形

3. 电动自行车中的电动机

电动自行车的电动机将蓄电池的电能转换成机械能，从而驱动电动车的后轮转动。

目前，市场上电动自行车的电动机主要包括有刷电动机和无刷电动机两种。图 1-39 所示为电动自行车中电动机的实物外形。

4. 电动自行车中的传感器

电动自行车中的传感器主要是指助力传感器，这是一种感应器件，又被称为 1:1 助力器或 1＋1 助力器，主要是用来实现在人力骑电动自行车时帮助人省力的器件。

通常情况下，助力传感器安装在自行车的右侧中轴旁边，中轴上装有磁钢，当用人力脚踏骑行时磁钢随着中轴的转动，感应电平信号使控制器给电动机供电，使电动机转动，图 1-40 所示为电动自行车的助力传感器及其位置。

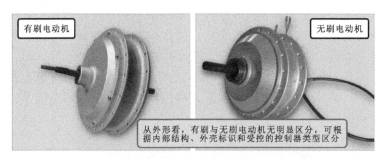

有刷电动机　　　　　　　　　　无刷电动机

从外形看，有刷与无刷电动机无明显区分，可根据内部结构、外壳标识和受控的控制器类型区分

图 1-39　电动自行车中电动机的实物外形

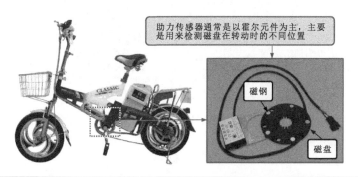

助力传感器通常是以霍尔元件为主，主要是用来检测磁盘在转动时的不同位置

磁钢

磁盘

图 1-40　电动自行车的助力传感器及其位置

要点说明

　　助力传感器主要是由传感器及磁盘等部分组成的。其中，磁盘上有 5 个磁钢，而在助力传感器内部采用霍尔元件作为传感器件。助力传感器通常是以霍尔元件为主，其内部的电路板采用防水密封的方式封装成一个组件，主要是用来检测磁盘在转动时的不同位置，然后将转动角度转换成相应的信号通过传感线路传送给控制器进行控制。

第 2 章

电动自行车的维修工具和仪表

2.1　电动自行车维修工具

2.1.1　拆装工具

拆装电动自行车时，常会用到螺丝刀（标准术语称为螺钉旋具）、扳手、钳子等工具，这些工具是进行电动自行车拆装时必备的基础工具。

 1. 螺丝刀

螺丝刀主要用来拆装电动自行车外壳、功能部件上的固定螺钉。图 2-1 为常用螺丝刀的种类。电动自行车维修用螺丝刀主要有一字槽螺丝刀、十字槽螺丝刀和内六角螺丝刀。其中，同类型的螺丝刀又有多种规格尺寸，以满足不同的拆卸需要。

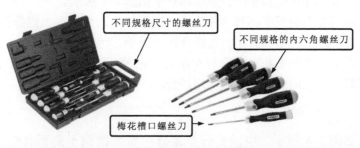

不同规格尺寸的螺丝刀

不同规格的内六角螺丝刀

梅花槽口螺丝刀

图 2-1　螺丝刀的种类

在电动自行车维修过程中，螺丝刀主要用以拆装不同部位或部件的固定螺钉。图2-2为螺丝刀在电动自行车维修中的使用特点。在拆卸电动自行车外壳或功能部件时，应根据固定螺钉的类型、大小和位置，选择适合的螺丝刀。

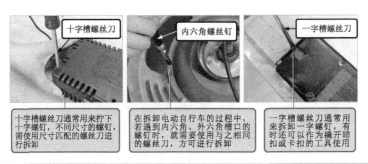

十字槽螺丝刀　　　　内六角螺丝钉　　　　一字槽螺丝刀

十字槽螺丝刀通常用来拧下十字螺钉，不同尺寸的螺钉，需使用尺寸匹配的螺丝刀进行拆卸

在拆卸电动自行车的过程中，若遇到内六角、外六角槽口的螺钉时，就需要使用与之相同的螺丝刀，方可进行拆卸

一字槽螺丝刀通常用来拆卸一字螺钉，有时还可以作为撬开暗扣或卡扣的工具使用

图2-2　螺丝刀在电动自行车维修中的使用特点

相关资料

图2-3为可更换刀头的螺丝刀。这种螺丝刀配有多种规格的刀头，可以根据需要随意进行更换。

 2. 扳手

扳手是用来紧固和拆装带有棱角的螺母或螺栓的工具。电动车维修中常用的扳手主要有活扳手、开口扳手、梅花扳手、套筒扳手、内六角扳手和扒胎扳手等，其实物外形如图2-4所示。

不同类型的扳手都有多种规格，在拆卸电动自行车功能部件时，应根据螺母的类型和大小，选择合适的扳手。

图2-5为扳手在电动自行车维修中的使用特点。不同类型的扳手都具有不同的使用特点和应用场合。

 3. 钳子

如图2-6所示，电动自行车维修中常用的钳子主要有钢丝钳（也称老虎钳）、斜口钳和尖嘴钳（也称断线钳或偏口钳）等几种。

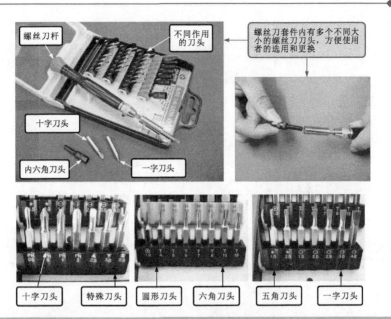

图2-3　可更换刀头的螺丝刀

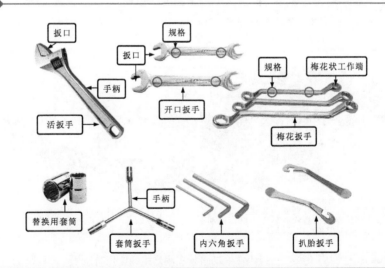

图2-4　扳手的实物外形

活扳手

活扳手的开口宽度可在一定尺寸范围内进行调节，使用较灵活可以对不同规格的螺栓或螺母进行调整或拆卸

开口扳手

开口扳手的一端或两端制有固定尺寸的开口，用来对固定尺寸的螺母或螺栓进行拆卸

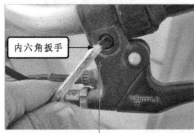

内六角扳手

内六角扳手是专门用来拆装内六角螺栓的工具。电动车中的闸把、转把多用内六角螺栓固定，拆装时需要借助内六角扳手松开或紧固这类螺母

梅花扳手

梅花扳手的两端具有十二角孔的开口，适用于工作空间狭小，不能使用普通扳手的场合

拆卸电动车轴承

套筒扳手适用于拧转安装位置狭小或凹陷在部件深处的螺栓或螺母。维修电动车时，拆装中轴一般需用套筒扳手

撬动外带拆卸轮胎

扒胎扳手通常也称为扒胎撬棒，是一种将车外带从电动车轮毂上卸下的拆卸工具

图2-5　扳手在电动自行车维修中的使用特点

钢丝钳   斜口钳   尖嘴钳

图2-6   钳子的种类

在拆装电动自行车时，常会用钳子夹持机械部分的悬架弹簧、卡簧或微小部件等，也可用于拆卸或安装不易操作的部件。具体操作时应根据被拆部件的类型，选择适合的钳子，如图2-7所示。

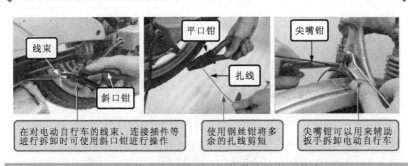

在对电动自行车的线束、连接插件等进行拆卸时可使用斜口钳进行操作   使用钢丝钳将多余的扎线剪短   尖嘴钳可以用来辅助扳手拆卸电动自行车

图2-7   钳子在电动自行车维修中的使用特点

2.1.2   焊接工具

对电动自行车进行检修时，经常会遇到部件或元器件的拆卸与代换等问题，在此情况下，往往会用到焊接工具。

 1. 电烙铁及焊接辅助工具

如图2-8所示，电烙铁、吸锡器、松香、焊锡丝和焊膏都是电动自行车主要的焊接工具和辅助材料。

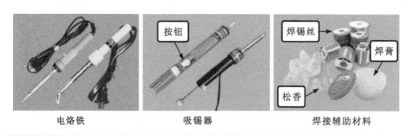

电烙铁　　　　　　吸锡器　　　　　　焊接辅助材料

图2-8　电烙铁与焊接辅助材料

　　如图2-9所示，在对电动自行车充电器电路板上的分立式元器件进行拆焊或焊接操作时，电烙铁和吸锡器是最常使用到的焊接工具。其中，电烙铁用于熔化焊锡，吸锡器则主要在取下电动自行车充电器电路板中的元器件时，吸除引脚和焊点周围多余的焊锡。

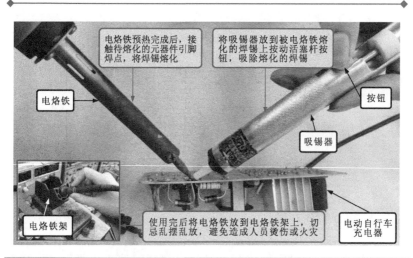

图2-9　电烙铁与焊接辅助材料的使用特点

 2. 热风焊机

　　电动自行车控制器中采用了很多贴片式元器件和集成电路，拆卸这类元器件时，一般需要使用热风焊机。图2-10为热风焊机的实物外形。

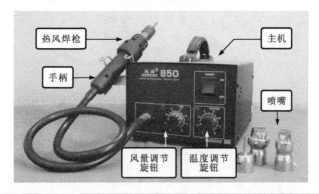

图 2-10　热风焊机的实物外形

　　热风焊机是专门用来拆焊、焊接贴片元器件和贴片集成电路的焊接工具。它主要由主机和热风焊枪等部分构成，热风焊机配有不同形状的喷嘴，在进行元器件的拆卸和焊接时根据焊接部位的大小选择适合的喷嘴即可，图 2-11 所示为热风焊机的使用特点。

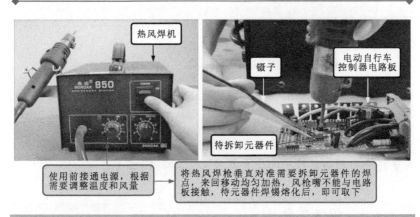

图 2-11　热风焊机的使用特点

相关资料

　　使用热风焊机拆卸/焊接元器件时，不同类型的元器件，需设置不同的风量及温度挡位，例如拆卸/焊接贴片式电阻器时，一般将温度调节旋钮调至 5~6 档，风量调节旋钮调至 1~2 档，具体设置如图 2-12 所示。

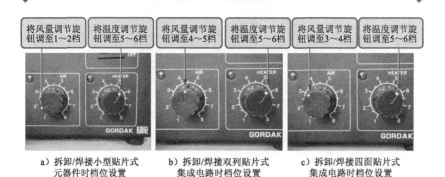

a）拆卸/焊接小型贴片式　　b）拆卸/焊接双列贴片式　　c）拆卸/焊接四面贴片式
元器件时档位设置　　　　集成电路时档位设置　　　　集成电路时档位设置

如果热风焊机暂时不使用时，可将热风风量旋钮（AIR）调至1档，热风温度调节旋钮（HEATER）调至4档，使加热器处在保温状态，再次使用时，调节热风风量旋钮和热风温度旋钮即可

图 2-12　拆卸贴片式元器件时温度及风量的设定

相关资料

除了热风焊机、电烙铁及焊接辅助工具外，维修电动自行车时，可能还会用到热熔胶枪和塑料焊枪，如图 2-13 所示。

2.1.3　保养工具

电动自行车在日常骑行过程中，应不定期地对电动自行车进行保养，因此维修电动自行车所使用的一些保养工具也需要提前准备好，以备不时之需。

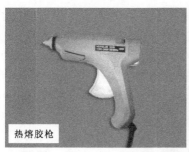

热熔胶枪　　　塑料焊枪

图 2-13　热熔胶枪和塑料焊枪

 1. 润滑油和润滑硅脂

　　润滑硅脂和润滑油主要用于对电动自行车齿轮、轴承、链条或交合处进行润滑，以减少摩擦。其中，润滑硅脂主要用于对电动自行车的齿轮、轴承、链条等进行润滑。在检修电动自行车之后，也可以对相应的部件进行保养，可防止其因缺少润滑油而出现磨损现象，从而影响使用寿命。图 2-14 所示为润滑硅脂和润滑油的实物外形及使用特点。

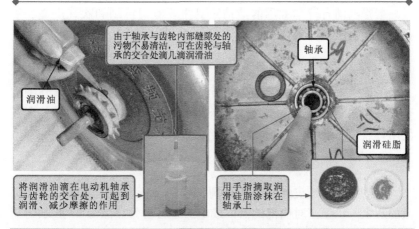

由于轴承与齿轮内部缝隙处的污物不易清洁，可在齿轮与轴承的交合处滴几滴润滑油

润滑油

轴承

润滑硅脂

将润滑油滴在电动机轴承与齿轮的交合处，可起到润滑、减少摩擦的作用

用手指摘取润滑硅脂涂抹在轴承上

图 2-14　润滑硅脂和润滑油的实物外形及使用特点

2. 其他辅助维修器材

日常保养或维修电动自行车时，还会用到其他一些辅助工具，主要有补胎用打气筒、车胎胶片、剪刀、锤子等，如图2-15所示。

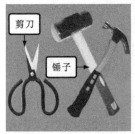
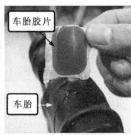
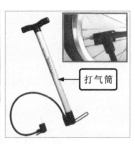

图2-15　电动自行车其他辅助维修器材的使用特点

2.1.4　清洁工具

电动自行车骑行使用时间过长，难免出现有泥土、灰尘、脏污的情况，遇此情况，就需使用清洁工具对电动自行车进行清洁，保证其骑行正常。

维修电动自行车常用的清洁工具主要有清洁刷和吹气皮囊、手提式电动吹风机（鼓风机）等。

 1. 手提式电动吹风机（鼓风机）

手提式电动吹风机（鼓风机）主要用于清理电动自行车外围大量的灰尘。图2-16所示手提式电动吹风机（鼓风机）的实物外形及使用特点。

 2. 清洁刷和吹气皮囊

清洁刷和吹气皮囊主要用于清理电动自行车外围及部件内部轻微的灰尘，以便于对内部的器件或电路进行检修。图2-17所示为清洁刷和吹气皮囊的实物外形及使用特点。

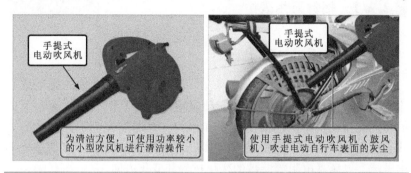

手提式电动吹风机

手提式电动吹风机

为清洁方便，可使用功率较小的小型吹风机进行清洁操作

使用手提式电动吹风机（鼓风机）吹走电动自行车表面的灰尘

图 2-16　手提式电动吹风机（鼓风机）的实物外形及使用特点

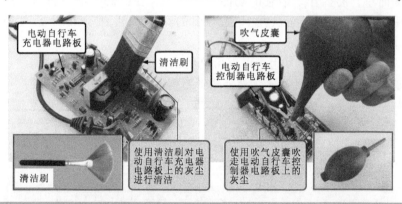

电动自行车充电器电路板

清洁刷

吹气皮囊

电动自行车控制器电路板

清洁刷

使用清洁刷对电动自行车充电器电路板上的灰尘进行清洁

使用吹气皮囊吹走电动自行车控制器电路板上的灰尘

图 2-17　清洁刷和吹气皮囊的实物外形及使用特点

2.2　电动自行车检修仪表

　　检修仪表是维修电动自行车时的必备工具，电动自行车出现故障时，需要借助一些检修仪表对怀疑故障部位进行检测来获取一些信息，进而判断出故障点。在维修电动自行车时，最常用的检修仪表主要有指针万用表、数字万用表和蓄电池修复仪等。

2.2.1　指针万用表

 1. 指针万用表介绍

指针万用表又称模拟式万用表，它是利用一只灵敏的磁电式直流电流表（微安表）作为表盘。测量电动自行车时，通过表盘下面的功能旋钮设置不同的测量项目和挡位，并通过表盘指针指示的方式直接在表盘上显示测量结果。其最大的特点就是能够直观地检测出电流、电压、电阻等参数的变化过程和变化方向。

指针万用表相对于其他一些常用的检测仪表来说，其使用方法简单，易操作，但它的功能十分强大，在检修电动自行车时应用十分广泛。下面从指针万用表的结构和键钮分布开始进行介绍。

虽然不同指针万用表可以检测的项目略有不同，但其结构组成基本相同。图 2-18 所示为典型指针万用表的基本结构。

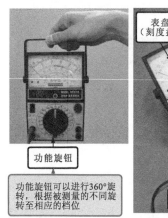
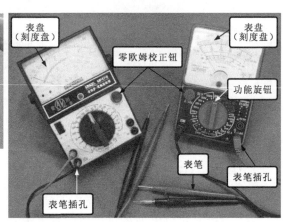

图 2-18　典型指针万用表的基本结构

通常，指针万用表主要由表盘（刻度盘）、功能旋钮、零欧姆校正钮、表笔插孔和表笔等构成。其中表盘（刻度盘）用于显示测量时的结果；功能旋钮用于选择测量项目以及测量挡位；零欧姆校正钮用于调节阻值检测准确度；表笔插孔用于插接表笔进行测量；表笔用于连接被测元器件或电路。

指针万用表的功能有很多，在检测电动自行车时是通过调节不同的功能挡位来实现的，因此在使用指针万用表前应先熟悉万用表的键钮分布以及各个键钮的功能。图 2-19 所示为典型指针万用表的键钮分布图。

扫一扫看视频

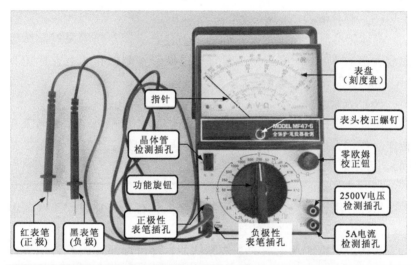

图 2-19　典型指针万用表的键钮分布（金川 MF47-8 型）

（1）表盘（刻度盘）

表盘（刻度盘）位于指针万用表的最上方，由多条弧线构成，用于显示测量结果。由于指针万用表的功能很多，因此表盘上通常有许多刻度线和刻度值。

（2）表头校正螺钉

表头校正螺钉位于表盘下方的中央位置，用于进行万用表的机械调零，正常情况下，指针万用表的表笔开路时，指针应指在左侧零刻度线的位置。

（3）功能旋钮

功能旋钮位于指针万用表的主体位置（面板），在其四周标有测量功能及测量范围，通过旋转功能旋钮可选择不同的测量项目以及测量挡位。

（4）零欧姆校正钮

零欧姆校正钮位于表盘下方，主要是用于调整万用表测量电阻时的准确度，在使用指针万用表测量电阻前要进行零欧姆调整。

（5）晶体管检测插孔

晶体管检测插孔位于操作面板的右侧，它是专门用来对晶体管的放大倍数 h_{FE} 进行检测的。通常在晶体管检测插孔的上方标记有"N"和"P"的文字标识。

（6）表笔插孔

通常在指针万用表的操作面板下面有 2~4 个插孔，用来与表笔相连（根据万用表型号的不同，表笔插孔的数量及位置都不尽相同）。万用表的每个插孔都用文字或符号进行标识。

（7）表笔

指针万用表的表笔分别使用红色和黑色标识，主要用于待测电路、元器件与万用表之间的连接。

在认识了指针万用表的基本结构后，即可以通过调整万用表的不同挡位来测量电动自行车电路和元器件的电压值、电阻值等。

 2. 指针万用表检测直流电压的方法

（1）指针万用表检测电动自行车直流电压的原理

指针万用表的表头是一个比较灵敏的电流表，用它来测量电压需要将被测电压转换成直流电流，由于流过指针万用表的电流值与输入电压成正比，故指针万用表的摆动幅度即可对应被测电压值。

图 2-20 所示为指针万用表检测直流电压的原理。

为了扩大测量范围，在指针万用表内部测量端还加入分压（限流）电路，这样用指针万用表即可检测出直流电压值。

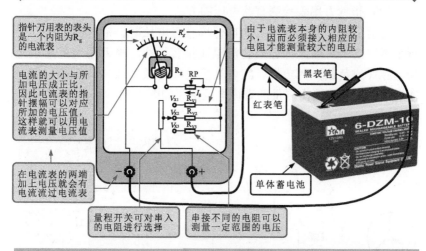

图 2-20　指针万用表检测直流电压的原理

相关资料

根据欧姆定律：$V = IR_g$，为了扩大它的量程到 V_1，必须外接一个电阻 R_0，此时电路的总电阻为 $R_g + R_0$，$V_1 = I(R_g + R_0)$。为了计算被测电压各档的串联电阻，一般使用表头电压灵敏度 Ω/V，即测每1V电压需要多大的电阻值。实际上，它是表头满刻度电流的倒数，即 $1/I = \Omega/V$。

直流电压灵敏度越高，在测量直流电压时表头分去的电流就越少，其测量越准确。在设计万用表直流电压各量程的电阻时，使用的各种直流电压灵敏度见表2-1。

表 2-1　万用表的直流电压灵敏度

表头电流/μA	电压灵敏度/(kΩ/V)	表头电流/μA	电压灵敏度/(kΩ/V)
10	100	200	5
20	50	250	4
25	40	500	2
50	20	1000	1
100	10		

（2）指针万用表检测直流电压的方法

使用指针万用表检测电动自行车直流电压时，根据实际电动自行车器件或电路选择合适的直流电压量程，然后将万用表的黑表笔接电源（或负载）的负极，红表笔接电源（或负载）的正极，即可通过指针的位置读出测量的直流电压值，如图 2-21 所示。

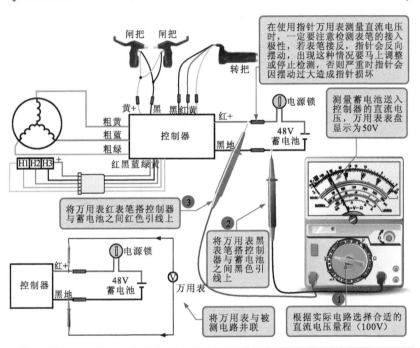

图 2-21　使用指针万用表检测电动自行车直流电压的方法

要点说明

使用指针万用表测量直流电压时，应重点注意正、负极性，再将万用表并联在被测电路的两端。如果预先不知道被测电压的极性时，应该先将万用表的功能旋钮拨到较高电压档进行试测，如果出现指针反摆的情况立即调换表笔，防止因表头严重过载而将指针打弯。

3. 指针万用表电阻值的检测方法

通过指针万用表对电动自行车中元器件阻值的测量，即可判断电动自行车内部器件的性能是否良好。

（1）指针万用表检测电动机绕组阻值的原理

指针万用表检测电动机绕组阻值时，需要利用万用表内部的电池，为电动机送入电流，电流经电动机后再送入万用表，阻值小则通过的电流会大，阻值大，则通过的电流则小。在万用表的表内还设有分流电阻器，使流过万用表的电流值与被测电动机绕组阻值成正比。

图2-22所示为指针万用表检测电动机绕组阻值的原理。

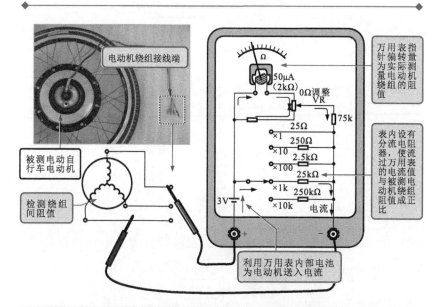

图2-22　指针万用表检测电动机绕组阻值的原理

（2）指针万用表检测其他部件电阻值的方法

使用指针万用表检测电动自行车内部器件的阻值是非常实用的一项测量技能，它不仅可以用于判别器件的好坏，而且功能部件的性能也可以通过检测阻值的方法来进行判断。另外，对于电动自行车线路通断的检测也常采用指针万用表检测阻值的方法。下面，介绍使用指针万用表检测电动自行车电源锁阻值的方法。

按图2-23所示，使用指针万用表检测电动自行车电源锁引线间阻值的方法。

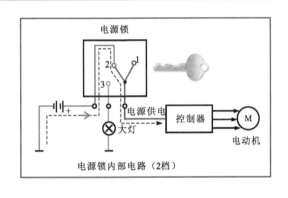

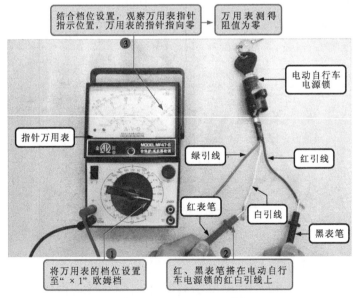

图2-23　使用指针万用表检测电动自行车电源锁引线间阻值的方法

2.2.2　数字万用表

 1. 数字万用表介绍

数字万用表又称数字多用表，它采用先进的数字显示技术。测量时，通过液晶显示屏下面的功能旋钮设置不同的测量项目和挡位，并通过液晶显示屏直接将所测量的电压、电流、电阻等测量结果显示出来，其最大的特点就是显示清晰、直观、读取准确，既保证了读数的客观性，又符合人们的读数习惯。

数字万用表凭借强大的功能、简便的操作及直观的测量显示得到了越来越广泛的应用。下面从数字万用表的结构和键钮分布开始进行介绍。

不同数字万用表可以检测的项目略有不同，但其结构组成基本相同。图2-24所示为典型数字万用表的外形结构。

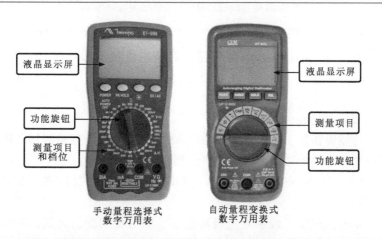

图2-24　典型数字万用表的外形结构

数字万用表的功能有很多，在检测中主要是通过调节不同的功能挡位来实现的，因此在使用数字万用表前应先熟悉万用表的键钮分布以及各个键钮的功能。图2-25所示为典型数字万用表的键钮分布。

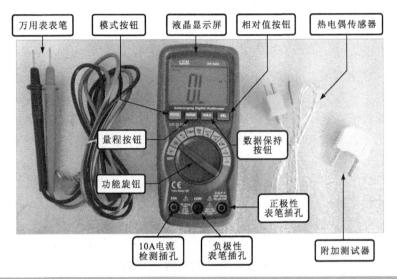

图 2-25　典型数字万用表的键钮分布

（1）液晶显示屏

液晶显示屏用于显示当前测量状态和最终测量数值，由于数字万用表的功能很多，因此液晶显示屏上有许多的标识。

（2）功能旋钮

功能旋钮位于数字万用表的主体位置（面板），通过旋转功能旋钮可选择不同的测量项目以及测量挡位。

（3）功能按钮（量程按钮、模式按钮、数据保持按钮、相对值按钮）

功能按钮位于数字万用表液晶显示屏与功能旋钮之间，测量时只需按动功能按钮，即可完成相关测量功能的切换以及控制。

（4）表笔插孔

通常在数字万用表的操作面板下面有 2～4 个插孔，用来与表笔相连（根据万用表型号的不同，表笔插孔的数量及位置都不尽相同）。万用表的每个插孔都用文字或符号进行标识。

（5）表笔

数字万用表的表笔分别使用红色和黑色标识，用于待测电路、元器件与万用表之间的连接。

（6）附加测试器

数字万用表配有一个附加测试器，其上设有插接元器件的插孔，主要用来代替表笔检测待测器件。检测时将附加测试器的正极（＋）插脚插接在万用表的正极性插孔中，负极（－）插脚插接在万用表的负极性插孔中。

（7）热电偶传感器

数字万用表配有一个热电偶传感器，主要用来测量物体或环境温度。检测时通过万用表表笔或附加测试器进行连接，实现万用表对温度的测量。

 2. 数字万用表检测直流电压的方法

（1）数字万用表检测直流电压的原理

数字万用表检测直流电压实际上就是将数字万用表与被测电路并联，被测直流电压经内部电压测量电路处理后，变成数字信号由显示屏显示出来。图2-26所示为数字万用表检测直流电压的原理。

（2）数字万用表检测直流电压的方法

数字万用表检测直流电压时，根据实际电路选择合适的直流电压量程，然后将万用表的黑表笔接电源（或负载）的负极，红表笔接电源（或负载）的正极，此时，即可通过显示屏读出测量的直流电压值。图2-27所示为使用数字万用表检测电动自行车直流电压的方法。

> **要点说明**
>
> 当测量未知直流电压时，测量工作会有一定的难度，这时可以将万用表的电压量程调至最大，再进行测量，然后根据每一次的测量结果相应地调整电压量程，直到测量出最准确的电压值为止。这样就可以避免因被测电压超过了万用表的量程，而对万用表造成一定的损害。

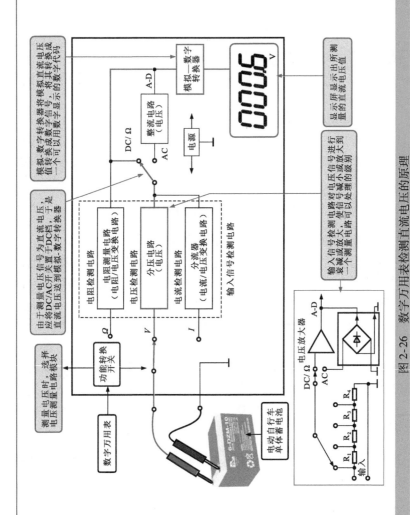

图2-26　数字万用表检测直流电压的原理

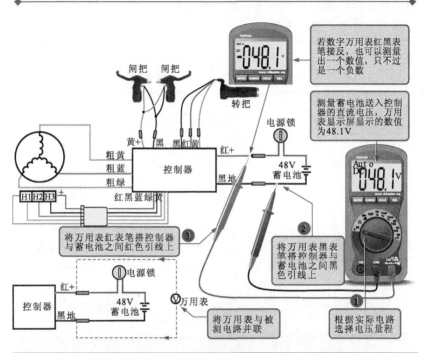

图 2-27　使用数字万用表检测电动自行车直流电压的方法

 3. 数字万用表检测电阻值的方法

电阻测量功能也是数字万用表的测量功能之一。通过数字万用表对元器件电阻值的测量，即可判断元器件的性能是否良好。

（1）数字万用表检测电动机绕组阻值的原理

数字万用表检测电动机绕组阻值实际上就是通过内部输入信号检测电路中的电阻测量电路部分完成的。测量时，需要利用万用表内部的电源为电动自行车电动机输入电流，被测电动自行车电动机再经内部电阻测量电路将电阻值转换成电压值后，由模拟-数字转换器进行转换，变成数字信号由显示屏显示出来。图 2-28 所示为数字万用表检测电动机绕组阻值的原理。

（2）数字万用表检测电动机绕组电阻的方法

与指针万用表类似，数字万用表也可以很好地完成电动自行车电动机绕组阻值的检测任务，而且相比指针万用表，数字万用表的显示方式更加直观、准确。

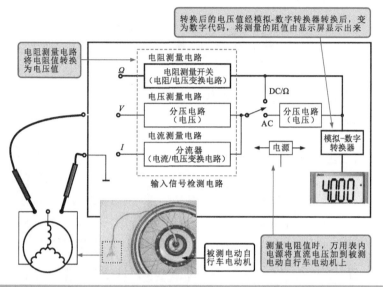

转换后的电压值经模拟-数字转换器转换后，变为数字代码，将测量的阻值由显示屏显示出来

电阻测量电路将电阻值转换为电压值

电阻测量电路

电阻测量开关（电阻/电压变换电路）

电压测量电路

分压电路（电压）

电流测量电路

分流器（电流/电压变换电路）

输入信号检测电路

DC/Ω

AC

分压电路（电压）

电源

模拟-数字转换器

Auto

4000

被测电动自行车电动机

测量电阻值时，万用表内电源将直流电压加到被测电动自行车电动机上

图2-28　数字万用表检测电动机绕组阻值的原理

　　为了让读者增强数字万用表检测阻值的操作体验将通过检测案例，讲解数字万用表的使用特点。图2-29所示为使用数字万用表检测电动自行车电动机绕组阻值的方法。

2.2.3　整车检测仪

　　电动自行车整车检测仪是从整车入手判断故障范围的一种检测设备，可对电动机、控制器、转把等进行检测，通过测试结果可快速锁定故障范围，有效提高电动车维修效率。图2-30为典型电动自行车整车检测仪。

相关资料

　　目前，电动自行车维修市场上有多种电动自行车整车检测仪，如无刷电动车维修仪、电动自行车全车故障检测仪、电动自行车修车宝等，如图 2-31 所示。不同品牌或类型测试仪的使用方法不同，但测试功能相似，维修人员可从操作方便、测量准确、实用可靠方面入手，选配合适的维修工具。

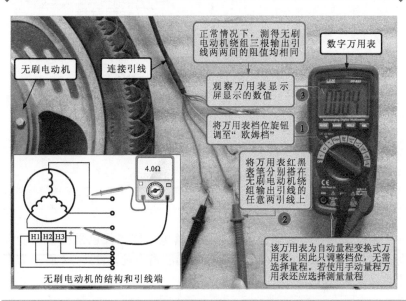

图 2-29　使用数字万用表检测电动自行车电动机绕组阻值的方法

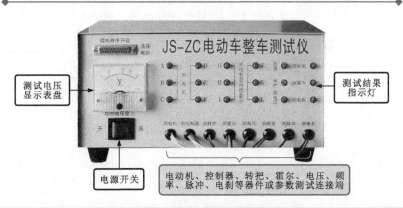

图 2-30　电动自行车整车测试仪

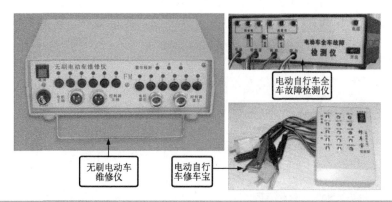

图 2-31　不同类型的整车检测仪

2.2.4　蓄电池修复仪

在电动自行车蓄电池的检修中，蓄电池修复仪也是检修电动自行车常用的工具。其主要修复对象为铅酸蓄电池。图 2-32 所示为蓄电池修复仪的使用方法。

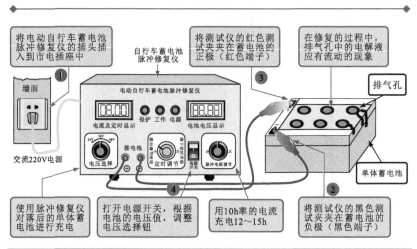

图 2-32　蓄电池修复仪的使用方法

相关资料

蓄电池修复仪的使用注意事项如下:

1) 由于蓄电池修复仪的功率较大,因此电能表必须为 5～10A。进户线线径必须为 2.5mm^2 以上,否则会烧坏电能表,引起电线发热。

2) 蓄电池在进行修复前,一定要先检查是否存在断路、短路(可使用万用表及电池检测仪检测)等情况,如电池电解液过少应根据情况补充蒸馏水。

3) 修复时一般要给电池充注 2 杯左右的电解液,电流开始时不要太大,以电池容量的 $\frac{1}{20}$～$\frac{1}{15}$ 为准,1h 后加大电流到 $\frac{1}{10}$ 以上即可。

4) 根据蓄电池的类别、修复前还要添加蓄电池专用修复液,用量一定要按要求加入,不能过量,否则可能会有不利影响。

要点说明

> 对铅酸蓄电池进行修复时,除了使用蓄电池修复仪外,有时还会用到铅酸蓄电池电解液、铅酸蓄电池修复液、注射器等工具,如图2-33所示。

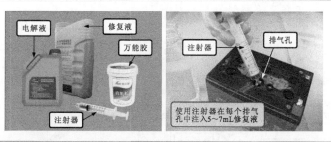

图 2-33　铅酸蓄电池修复工具

修复铅酸蓄电池时(电池电压过低,应先充电 1h),先打开蓄电池安全阀,在每个排气孔中注入 5～7mL 修复液(修复液要先摇均匀),然后马上放电,把电池电压降到 0V,这种放电操作只能进行一次。蓄电池缺水严重时再加入 5～10mL 电解液(酸度不要超过 1.04g/L),最后使用修复仪维修即可。

第3章
电动自行车的故障特点与检修分析

3.1 电动自行车的故障特点

3.1.1 机械类故障

如图3-1所示，电动自行车的机械类故障主要是指电动自行车

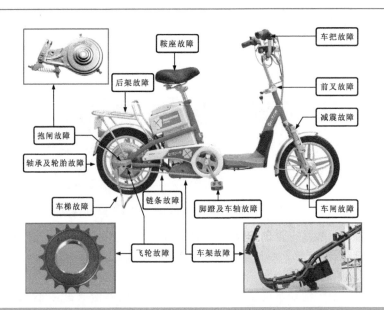

图3-1　电动自行车的机械类故障

因机械系统异常而引发的故障，如车把、脚蹬、中轴、链条、车闸、飞轮、车胎等部件异常。

1. 车把的故障表现

电动自行车的车把出现故障多表现为车把"发飘"、转向不灵活、有"吱吱"异响等，如图3-2所示。

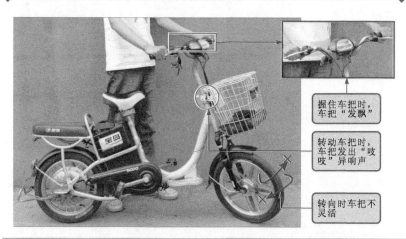

握住车把时，车把"发飘"

转动车把时，车把发出"吱吱"异响声

转向时车把不灵活

图3-2　车把的故障表现

2. 脚蹬和中轴的故障表现

脚蹬和中轴不良，通常会造成骑行过程中有"蹬空"感并带有刺耳的异响等故障，如图3-3所示。

要点说明

中轴有噪声说明中轴内部润滑不良或内部轴承、钢珠损坏。

中轴晃动或有明显的"蹬空"感是中轴松动、内部轴承和钢珠磨损严重的典型特征。

脚蹬和中轴不良，通常会造成骑行过程中有"蹬空"感并带有刺耳的异响。

图3-3　脚蹬和中轴的故障表现

 3. 链条的故障表现

链条锈蚀严重常会引起骑行过程中掉链或断裂等故障，如图3-4所示。

图3-4　链条的故障表现

 4. 车闸的故障表现

电动自行车的车闸分为前车闸和后车闸两部分。其中，前车闸不良通常会引起前轮刹车不灵活的故障；后车闸出现故障通常会引起后轮刹车不良或后轮抱死无法转动等故障，如图3-5所示。

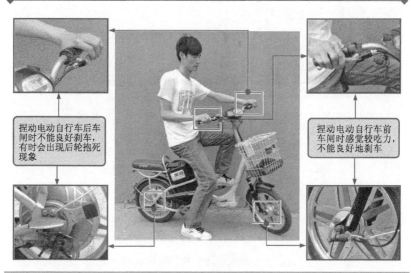

捏动电动自行车后车闸时不能良好刹车，有时会出现后轮抱死现象

捏动电动自行车前车闸时感觉较吃力，不能良好地刹车

图3-5　车闸的故障表现

 5. 挡泥板和车轮的故障表现

电动自行车的挡泥板分为前挡泥板和后挡泥板两部分，故障多表现为挡泥板与车轮摩擦、有异响等。车轮的主要故障表现为轮胎气压不足、车条松动或断裂、车轮变形及摇摆不定等，如图3-6所示。

3.1.2　电气类故障

如图3-7所示，电动自行车的电气类故障主要是指电动自行车因电气系统异常而引发的故障，如仪表盘、控制器、电动机、调速转把、蓄电池、充电器等电气部件异常。

 1. 仪表盘的故障表现

仪表盘是电动自行车整车工作状态的指示部件。该部分故障主要表现为指示仪表中指示灯不亮、指示功能失常等，如图3-8所示。

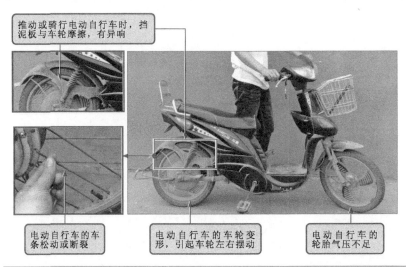

推动或骑行电动自行车时，挡泥板与车轮摩擦，有异响

电动自行车的车条松动或断裂

电动自行车的车轮变形，引起车轮左右摆动

电动自行车的轮胎气压不足

图 3-6　挡泥板和车轮的故障表现

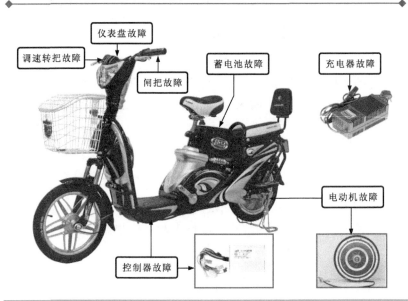

仪表盘故障

调速转把故障

闸把故障

蓄电池故障

充电器故障

电动机故障

控制器故障

图 3-7　电动自行车的电气类故障

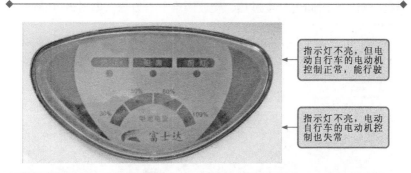

指示灯不亮，但电动自行车的电动机控制正常，能行驶

指示灯不亮，电动自行车的电动机控制也失常

图 3-8　仪表盘的故障表现

2. 控制器的故障表现

控制器是电动自行车电气系统的核心部分。控制器故障通常会引起电动自行车所有控制功能失常、电动自行车不起动、飞车、车速不稳、通电烧蓄电池等，如图3-9所示。

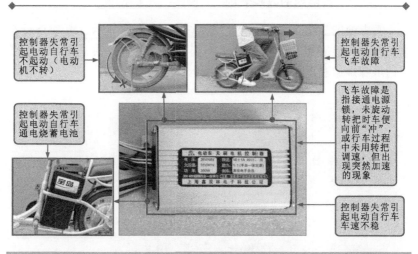

控制器失常引起电动自行车不起动（电动机不转）

控制器失常引起电动自行车通电烧蓄电池

控制器失常引起电动自行车飞车故障

飞车故障是指接通电源锁，未旋动转把时车便向前"冲"，或行车过程中未用转把调速，但出现突然加速的现象

控制器失常引起电动自行车车速不稳

图 3-9　控制器的故障表现

3. 电动机的故障表现

电动机故障的主要表现为不运转、行车过程中明显晃动、噪声大

或有异响、短时间内严重过热、爬坡困难不给力等，如图 3-10 所示。

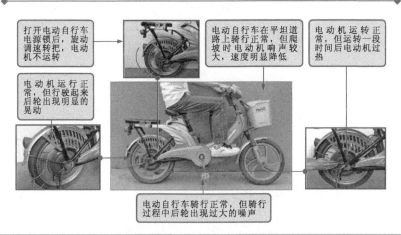

打开电动自行车电源锁后，旋动调速转把，电动机不运转

电动机运行正常，但行驶起来后轮出现明显的晃动

电动自行车在平坦道路上骑行正常，但爬坡时电动机响声较大，速度明显降低

电动机运转正常，但运转一段时间后电动机过热

电动自行车骑行正常，但骑行过程中后轮出现过大的噪声

图 3-10　电动机的故障表现

4. 蓄电池的故障表现

蓄电池的故障表现为通电后指示仪表无任何显示、电动自行车续驶里程明显缩短、电动自行车不起动、耗电量过快、充不进电或接通电源烧熔断器等，如图 3-11 所示。

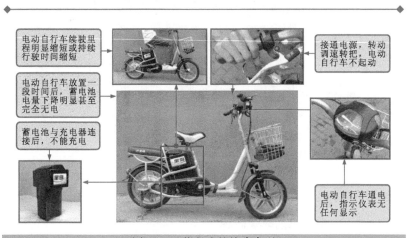

电动自行车续驶里程明显缩短或持续行驶时间缩短

电动自行车放置一段时间后，蓄电池电量下降明显甚至完全无电

蓄电池与充电器连接后，不能充电

接通电源，转动调速转把，电动自行车不起动

电动自行车通电后，指示仪表无任何显示

图 3-11　蓄电池的故障表现

5. 充电器的故障表现

充电器的故障主要表现为电源指示灯和充电指示灯不亮、工作时有异常响声、充不进电、电源和状态指示灯发暗且闪烁、输出电压偏高或偏低、无电压输出、充电时发热严重、通电烧熔断器等，如图 3-12 所示。

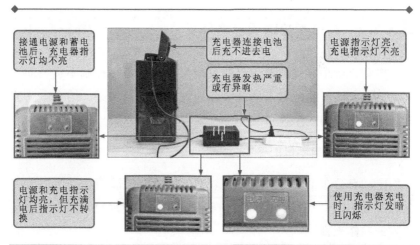

接通电源和蓄电池后，充电器指示灯均不亮

充电器连接电池后充不进去电

充电器发热严重或有异响

电源指示灯亮，充电指示灯不亮

电源和充电指示灯均亮，但充满电后指示灯不转换

电源+充电

使用充电器充电时，指示灯发暗且闪烁

图 3-12   充电器的故障表现

3.2   电动自行车的检修分析

3.2.1   机械类故障的检修分析

在检修电动自行车机械类故障时，常会根据故障表现推断故障的部位。

当电动自行车出现前刹车失灵故障时，很容易判断出可能是闸线螺钉松动或闸皮部分磨损严重，紧固螺钉或更换闸皮后即可排除故障；在行车时车把不灵活，且出现"吱吱"的异响，则多为车把转轴部分锈蚀严重，适当添加润滑油即可排除故障；脚蹬及中轴的故障多表现为轴承松动、钢珠磨损，一般进行润滑紧固或更换即可。

图3-13为电动自行车机械类故障的检修流程。

3.2.2　电气类故障的检修分析

电动自行车电气类故障主要表现为供电不良、控制不良、动力不良三个方面，须针对不同的故障表现依照控制关系，结合电路原理图进行相应的检修。

1. 供电不良的检修分析

电动自行车出现供电不良的故障时，电源锁故障和蓄电池故障是最常见的两个原因，须认真检查。图3-14为电动自行车供电不良故障的检修流程。

2. 控制不良的检修分析

电动自行车出现控制不良的故障时，调速转把故障、闸把故障和控制器故障是最常见的三个原因，须认真检查。图3-15为电动自行车控制不良故障的检修流程。

3. 动力不良的检修分析

电动自行车出现动力不良的故障时，调速转把故障、电动机故障和控制器故障是最常见的三个原因，须认真检查。图3-16为电动自行车动力不良故障的检修流程。

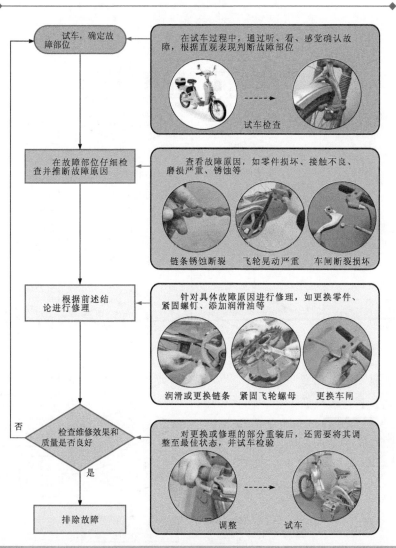

图 3-13 　电动自行车机械类故障的检修流程

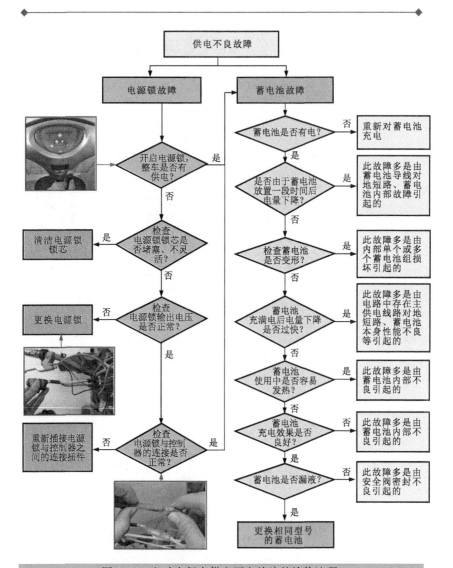

图 3-14 电动自行车供电不良故障的检修流程

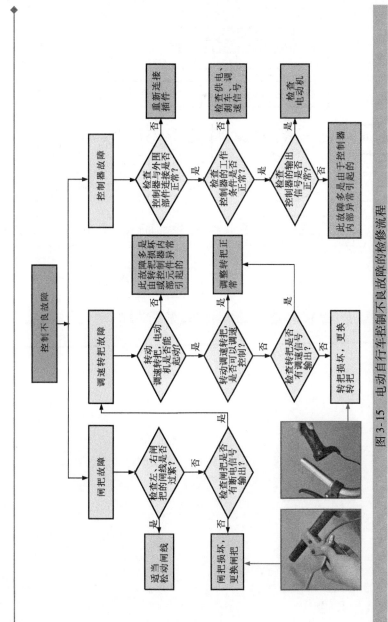

图 3-15　电动自行车控制不良故障的检修流程

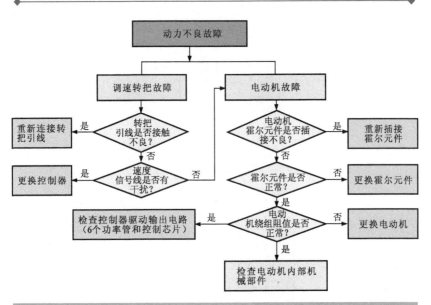

图 3-16 电动自行车动力不良故障的检修流程

第4章

电动自行车电路元器件的检测与代换

4.1 电动自行车基础电子元器件的检测与代换

4.1.1 电动自行车基础电子元器件的检测

 1. 电阻器的检测

电动自行车中的控制器、仪表盘电路和充电器中安装有很多不同阻值的电阻器。对电阻器的检测，通常是在不通电的状态下用万用表测量其电阻值。按图 4-1 所示，打开数字万用表，调整万用表的功能旋钮到欧姆档，将万用表的红、黑表笔分别搭在待测电阻器两端，对其进行检测。

要点说明

电阻器标称值为 1（1±5%）kΩ，万用表实测电阻值为 978Ω，该数值与其标称阻值接近，由此判断该电阻器基本正常。若阻值偏差较大，怀疑该电阻器损坏，可将其焊下再进行检测和判断。若检测结果仍然偏差较大，则应选择阻值和类型相同的电阻器进行代换。

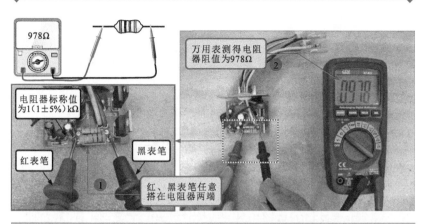

图 4-1　检测电阻器的电阻值

使用带有量程的指针万用表或数字万用表时，在设置量程时要尽量选择与标称值相近的量程，从而保证测量值的准确性。此外，若直接在电路板上进行检测，可能会受到电路中其他元器件的影响而导致测量结果出现偏差。若需要对电阻器进行精确的测量时，应将其从电路板上焊下再进行检测。

 2. 电容器的检测

电容器在电路中主要起滤波的作用。检测电容器时，可使用指针万用表检测其充放电过程来判断好坏。按图4-2所示，将指针万用表调至欧姆档，对电容器的充放电过程进行检测。

要点说明

在万用表表笔接通的瞬间若看到指针向右摆动，然后缓慢摆动到左侧，这时可以判断该电容器正常；若在表笔接通的瞬间指针有一个很大的摆动并停在电阻较小的位置，可以断定该电容器已击穿或严重漏电；若指针几乎没有摆动，则可以断定该电容器已开路。

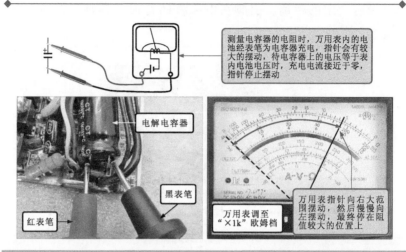

测量电容器的电阻时，万用表内的电池经表笔为电容器充电，指针会有较大的摆动，待电容器上的电压等于表内电池电压时，充电电流接近于零，指针停止摆动

电解电容器

黑表笔

红表笔

万用表调至"×1k"欧姆档

万用表指针向右大范围摆动，然后慢慢向左摆动，最终停在阻值较大的位置上

图4-2　检测电容器的充放电过程

相关资料

检测时，根据电容器电容量的大小选择欧姆档量程。100μF以上的电容器可选择"×100"欧姆档，1~100μF的电容器用"×1k"欧姆档，1μF以下的电容器用"×10k"欧姆档。值得注意的是，由于受外围元器件的影响，例如电容器并联有电阻器等，将无法观察到其充放电过程，因此若怀疑某电容器损坏时，可先将其从电路板焊下后，再进行测量，检测电容器的电容量应使用数字万用表。

4.1.2　电动自行车基础电子元器件的代换

在电动自行车中，基础电子元器件有分立式和贴片式两种焊接形式。对于分立式元器件，最好使用电烙铁进行拆焊和安装；而对于贴片式元器件，最好使用热风焊枪进行拆焊和安装。

 1. 分立式元器件的代换

通常，分立式元器件的引脚插接在电路板上，元器件主体与

电路板有一定的距离，引脚在电路板的背面与焊盘焊接在一起，如图4-3所示。

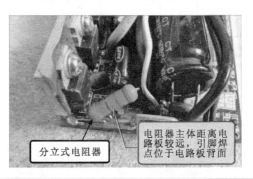

分立式电阻器

电阻器主体距离电路板较远，引脚焊点位于电路板背面

图4-3　分立式元器件

进行代换时，先将电烙铁预热，然后使用电烙铁熔化元器件引脚焊锡，吸锡器吸走焊锡，直到元器件引脚与电路板分离。

（1）分立式元器件的拆焊

按图4-4所示，使用电烙铁和吸锡器对分立式元器件进行拆焊。

吸锡器

电烙铁

使用电烙铁和吸锡器对电阻器的引脚进行拆焊

镊子

一边加热引脚焊点，一边使用镊子取下电阻器

图4-4　拆焊分立式元器件

接下来，将新元器件插接好，使用电烙铁将焊锡丝熔化成焊锡，使焊锡包裹在引脚及焊盘上，移走电烙铁，焊锡凝固，引脚固定在电路板上。

（2）分立式元器件的焊接

按图 4-5 所示，使用电烙铁和焊锡丝将新元器件焊接到电路板上。

将新电阻器的引脚弯曲成适当的角度，准备插入电路板中 ①

新电阻器

注意电路板背面不要伸出过长的引脚，这样不便于焊接

② 用镊子夹住电阻器，将其引脚插入电路板中

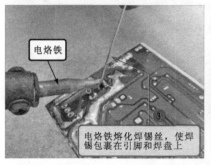

电烙铁

③ 电烙铁熔化焊锡丝，使焊锡包裹在引脚和焊盘上

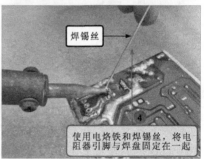

焊锡丝

④ 使用电烙铁和焊锡丝，将电阻器引脚与焊盘固定在一起

图4-5 焊接分立式元器件

对于良好的焊点，焊料与被焊接金属界面上应形成牢固的合金层，才能保证良好的导电性能，且焊点应具备一定的机械强度。在外观方面，焊点的表面应光亮、均匀且干净清洁，不应有毛刺、空隙等瑕疵，如图4-6所示。

由于焊接操作不规范、焊接环境等原因，很容易造成不良焊点。出现这种情况时，需要清除原有焊锡后，重新进行焊接。

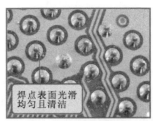

标准焊点形状

焊点表面光滑均匀且清洁

搭焊

焊点焊接不良的几种情况

拉尖

引线松动和虚焊

图4-6 焊接不良的现象

相关资料

　　代换基础电子元器件时，要根据损坏的元器件参数、类型选择适合的元器件进行代换，以免造成电路不能工作或再次损坏。图4-7所示为电阻器与电容器的规格参数识读。

电阻器额定阻值为3.3kΩ

电容器额定电压63V，电容量为1000μF

正常工作温度范围为105℃

图4-7 电阻器与电容器的规格参数识读

 2. 贴片式元器件的代换

　　通常，贴片式元器件主体与引脚紧紧贴在电路板上，但其引脚不穿过电路板，直接与电路板一面的焊盘接在一起，如图4-8所示。

图4-8　贴片式元器件

（1）贴片式元器件的拆焊

按图4-9所示，使用热风焊枪和镊子对贴片式元器件进行拆焊。进行代换时，先将热风焊枪打开，然后用镊子夹住元器件，焊枪口垂直加热引脚，直到元器件引脚焊锡熔化，再用镊子取走元器件。

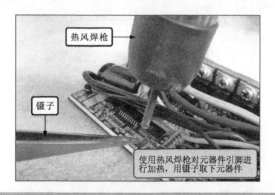

图4-9　拆焊贴片式元器件

要点说明

　　针对不同贴片式元器件的引脚大小和密集程度，焊枪距引脚的高度也会不同。对于引脚较大、排列较稀疏的应适当降低焊枪高度；对于引脚较小、排列较密集的应适当提高焊枪高度。

（2）贴片式元器件的吹焊

按图 4-10 所示，使用热风焊枪和镊子将新元器件焊接到电路板上。用热风焊枪加热电路板的焊盘，将新元器件用镊子固定好，再用焊枪加热引脚，然后移走热风焊枪，用镊子查看引脚焊接情况，焊接牢固即可。

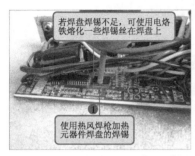

若焊盘焊锡不足，可使用电烙铁熔化一些焊锡丝在焊盘上

使用热风焊枪加热元器件焊盘的焊锡

镊子

热风焊枪

待焊锡熔化后，用镊子夹住贴片式电阻器放到焊盘上，然后移走热风焊枪，电阻器即可固定在电路板上

图 4-10　焊接贴片式元器件

要点说明

对于贴片式元器件，焊点要保证平整，焊锡要适量，不要太多，以免出现连焊，元器件与焊盘之间有良好的润湿状态。图 4-11 所示为焊接良好的贴片式元器件。

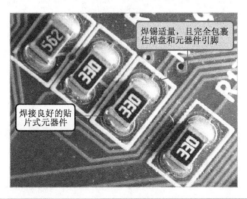

焊锡适量，且完全包裹住焊盘和元器件引脚

焊接良好的贴片式元器件

图 4-11　焊接良好的贴片式元器件

相关资料

代换贴片式元器件时，要根据已损坏元器件的参数选择适合的元器件进行代换，以免造成电路不能工作或再次损坏。图 4-12 所示为贴片式电阻器的规格参数识读。

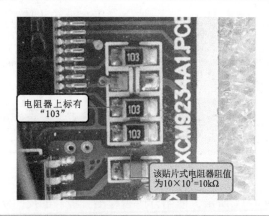

电阻器上标有
"103"

该贴片式电阻器阻值
为 $10 \times 10^3 = 10k\Omega$

图 4-12　贴片式电阻器的规格参数识读

4.2　电动自行车常用半导体器件的检测与代换

4.2.1　电动自行车常用半导体器件的检测

　1. 二极管的检测

二极管具有单向导电性，即正向导通、反向截止的特性，在电路中主要起到整流或开关的作用。正向导通是指在电路中，将二极管的正极接在高电位端，负极接在低电位端，其才会导通。反向截止是指在电路中，将二极管的正极接在低电位端，负极接在高电位端，二极管中几乎没有电流流过，此时其处于截止状态。因此对二极管的检测，可使用数字万用表测量其正向、反向导通电压来判断好坏。

1）按图4-13所示，使用数字万用表检测二极管的正向导通状态。数字万用表显示的是二极管正向导通时的管压降。

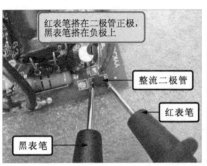
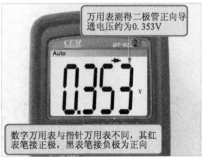

红表笔搭在二极管正极，黑表笔搭在负极上

整流二极管

红表笔

黑表笔

万用表测得二极管正向导通电压约为0.353V

数字万用表与指针万用表不同，其红表笔接正极，黑表笔接负极为正向

图4-13　检测二极管正向导通管压降

2）按图4-14所示，使用万用表检测二极管的反向状态性能。

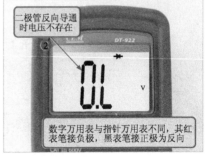

黑表笔搭在二极管正极，红表笔搭在负极上

红表笔

黑表笔

二极管反向导通时电压不存在

数字万用表与指针万用表不同，其红表笔接负极，黑表笔接正极为反向

图4-14　检测二极管反向状态性能

要点说明

通常，二极管在正向导通时有一定的管压降，而反向时呈截止状态，表明该二极管良好；若正向也呈截止状态，说明二极管

存在断路故障；若反向呈导通状态，说明二极管已被击穿。

此外，也可使用万用表的欧姆档对二极管的正、反向阻值进行检测，判断二极管是否正常。检测时，二极管有一定的正向阻值，反向阻值为无穷大。

相关资料

使用万用表检测正、反向阻值时，由于数字和指针万用表内部结构原理不同，检测正、反向阻值时，表笔的极性也有所区别。使用指针万用表检测时，黑表笔接正极，红表笔接负极，是测量正向阻抗；红表笔接正极，黑表笔接负极，是测量反向阻值。

使用数字万用表时正好相反，黑表笔接正极，红表笔接负极，是测量反向阻值；红表笔接正极，黑表笔接负极，是测量正向阻值。

2. 晶体管的检测

对晶体管进行检测时，通常可使用万用表检测各引脚间的正、反向阻值来判断晶体管是否正常。晶体管内可等效为两只二极管，如图4-15所示，NPN型晶体管和PNP型晶体管的极性不同，等效二极管的极性也不同，测量晶体管的引脚阻值相当于检测管内二极管的阻值。

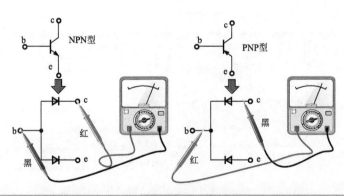

图4-15　NPN型和PNP型晶体管的等效电路及检测示意图

1）按图4-16所示，用万用表检测晶体管基极与发射极之间的正、反向阻值。

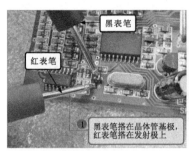

黑表笔

红表笔

黑表笔搭在晶体管基极，红表笔搭在发射极上

测得晶体管基极与发射极之间的正向阻值约为1.5kΩ

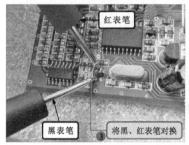

红表笔

黑表笔

将黑、红表笔对换

晶体管基极与发射极之间的反向阻值为无穷大

图4-16 晶体管基极与发射极之间的正、反向阻值

2）按图4-17所示，用万用表检测晶体管基极与集电极之间的正、反向阻值。

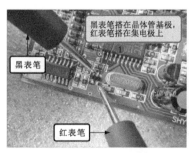

黑表笔搭在晶体管基极，红表笔搭在集电极上

黑表笔

红表笔

测得晶体管基极与集电极之间的正向阻值约5.5kΩ

对换表笔后，测得基极与集电极之间的反向阻值也为无穷大

图4-17 晶体管基极与集电极之间的正、反向阻值

3）按图4-18所示，用万用表检测晶体管发射极与集电极之间的正、反向阻值。

黑表笔

红表笔

黑表笔搭在晶体管发射极，红表笔搭在集电极上

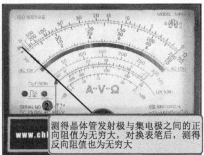

测得晶体管发射极与集电极之间的正向阻值为无穷大，对换表笔后，测得反向阻值也为无穷大

图4-18　晶体管发射极与集电极之间的正、反向阻值

要点说明

　　正常情况下，晶体管的基极与集电极、发射极之间有一定的正向阻值，其他各项阻值均为无穷大，若测得的阻值不符，可能是受到外围元器件的影响，最好将其拆下后再进行开路检测，确定该晶体管损坏后，对其进行代换。

4.2.2　电动自行车常用半导体器件的代换

　　在电动自行车中，基础半导体器件也分为分立式和贴片式两种焊接形式，具体代换方法与基础电子元器件基本相同（如整流二极管、稳压二极管等）。下面以代换功率管（场效应晶体管）和晶体管为例，具体介绍一下代换半导体器件的流程。

 1. 功率管的代换

　　功率管位于电动自行车控制器中，通过检测确认功率管损坏后，先根据功率管的型号找到适合的代换器件，然后使用电烙铁等工具进行功率管的代换。图4-19所示为损坏的功率管型号。

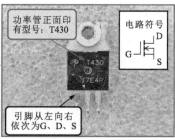

图4-19 损坏的功率管型号

（1）功率管的拆卸

按图4-20所示，使用焊接工具将损坏的功率管焊下。

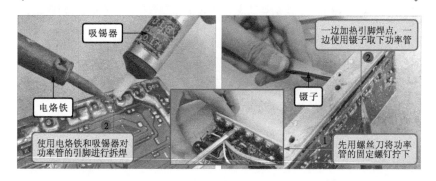

图4-20 将损坏的功率管焊下

（2）功率管的焊装

按图4-21所示，将新的功率管安装到电路板上。

 2. 晶体管的代换方法

晶体管主要安装在控制器和仪表盘中，通过检测确认晶体管损坏后，先根据晶体管的型号找到适合的代换器件，然后使用电烙铁等工具进行晶体管的代换。图4-22所示为损坏的晶体管型号。

新功率管

选用型号相同的新功率管进行安装

注意功率管的固定孔要与散热片固定孔对齐

用镊子夹住功率管，将其引脚插入电路板中

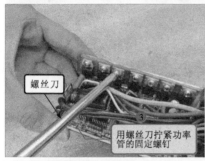

螺丝刀

用螺丝刀拧紧功率管的固定螺钉

焊锡丝

使用电烙铁和焊锡丝，将功率管引脚与焊盘固定在一起

图4-21　安装新功率管

晶体管

晶体管正面印有型号：S9014

电路符号

图4-22　损坏的晶体管型号

（1）晶体管的拆焊

按图4-23所示，使用电烙铁等工具将晶体管焊下。

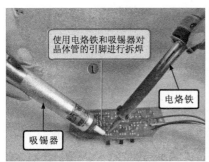

图4-23　将晶体管焊下

（2）晶体管的焊装

按图4-24所示，将新的晶体管安装到电路板上。

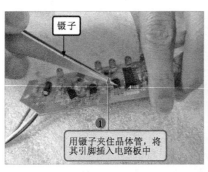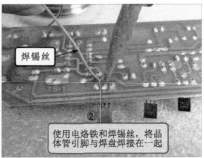

图4-24　焊接新晶体管

相关资料

电动自行车控制器中晶体管为贴片式安装，对于这样的晶体管可使用热风焊枪进行拆卸和安装，如图4-25所示。

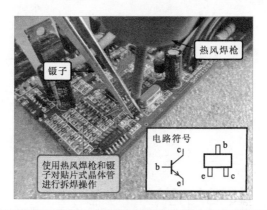

图 4-25　贴片式晶体管的代换

第 5 章

电动自行车零部件的拆卸与检修

5.1 转把的拆卸与检修

5.1.1 转把的结构

转把是电动自行车中重要的调速部件，故通常也称调速转把。其旋转的角度不同，输出给控制器的信号也不同，控制器根据调速转把提供的信号控制电动机的转速。

根据调速转把内部使用的传感器不同，可以分为霍尔调速转把和光电调速转把两种。霍尔调速转把以霍尔元件为传感器，光电调速转把以光电变换器为传感器，如图 5-1 所示。目前市场上多数转把采用霍尔元件作为传感器，接下来重点介绍该类调速转把的结构。

图 5-2 为典型霍尔调速转把的整体结构。从图中可以看到，霍尔调速转把主要是由磁钢、霍尔元件、复位弹簧、传感线路和塑料外壳等构成的。

磁钢位于转把手柄的内侧，有南/北极（N/S 极）之分，其主要作用是为霍尔元件提供磁场环境，是实现转把调速的最基本需求。通常，转把中常见的磁钢有两种形式：一体式磁钢和分体式磁钢，如图 5-3 所示。

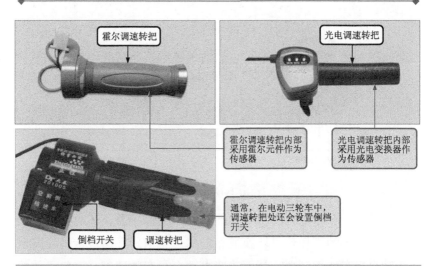

图 5-1　调速转把的实物外形

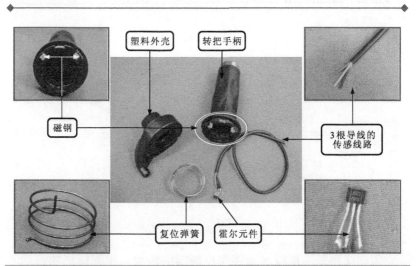

图 5-2　典型霍尔调速转把的整体结构

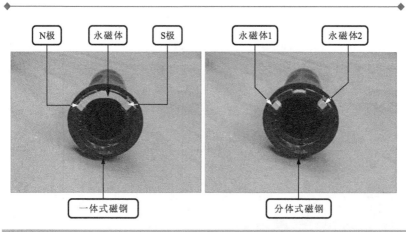

N极　　永磁体　　S极　　　　永磁体1　　永磁体2

一体式磁钢　　　　　　　　分体式磁钢

图5-3　调速转把中的磁钢外形及结构形式

电动自行车转把上的霍尔元件就是一个传感器，其主要作用是将其所感到的磁场信号转换成相应的电压值，并通过传感线路送入电动自行车的控制器，从而改变电动自行车的速度。霍尔元件的型号很多，常用的有3501、3503、3508、3515等，其实物外形如图5-4所示。

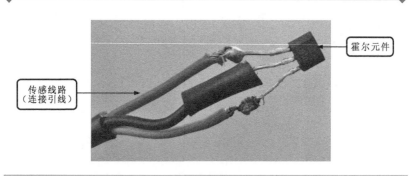

霍尔元件

传感线路
（连接引线）

图5-4　霍尔元件的实物外形

传感线路是连接霍尔元件与控制器的桥梁。根据转把功能的不同，有3根导线和5根导线之分。

要点说明

在 3 根导线的传感线路中，红色线接霍尔元件的电源端，黑色线为接地端，绿色线为信号输出线；而 5 根导线的传感线路则比 3 根导线多出蓝色线和棕色线，这两根导线用来与定速按钮进行连接，实现定速巡航功能。

复位弹簧的主要作用是通过自身弹力实现复位。当旋动转把时，转把带动复位弹簧旋转；当松开转把时，复位弹簧利用自身弹性带动转把复位。图 5-5 为复位弹簧的实物外形。

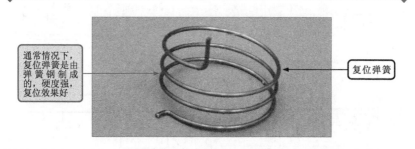

通常情况下，复位弹簧是由弹簧钢制成的，硬度强，复位效果好

复位弹簧

图 5-5 复位弹簧的实物外形

5.1.2 转把的工作原理

电动自行车加电后，通过转把可以将控制信号送入控制器中，控制器根据信号的大小，使电动自行车中电动机的转速受到控制，具体控制过程如图 5-6 所示。

5.1.3 转把的拆卸

转把的拆卸方法如图 5-7 所示。通常，转把是通过六角螺钉固定在车把上，需使用内六角扳手将固定螺钉卸下，然后取下转把，用一字槽螺丝刀撬起转把的封装外壳，小心地完成转把内部拆卸。

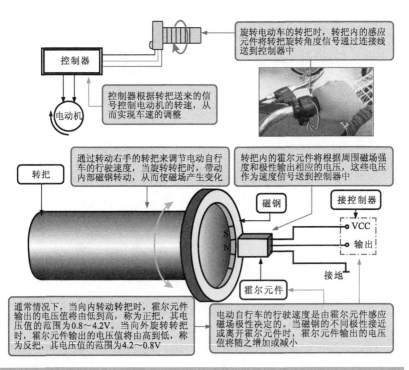

图5-6　调速转把的工作原理

5.1.4　转把的检修

怀疑转把出现故障，可先使用万用表检测转把的供电和输出的调速信号，若供电正常，而无调速信号输出，说明转把可能损坏，这时可使用万用表检测转把内部的霍尔元件是否正常。

按图5-8所示，用万用表对转把内的霍尔元件进行检测。

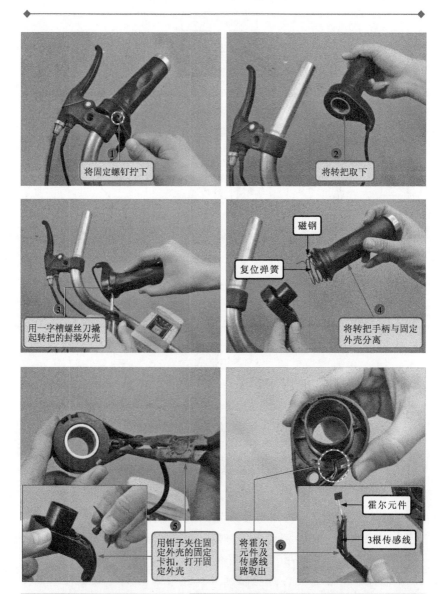

将固定螺钉拧下 ①

将转把取下 ②

③ 用一字槽螺丝刀撬起转把的封装外壳

磁钢

复位弹簧

④ 将转把手柄与固定外壳分离

⑤ 用钳子夹住固定外壳的固定卡扣，打开固定外壳

⑥ 将霍尔元件及传感线路取出

霍尔元件

3根传感线

图 5-7　转把的拆卸方法

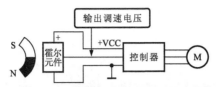

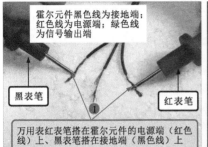

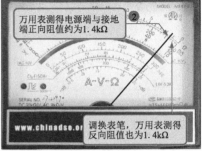

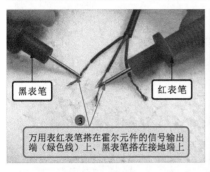

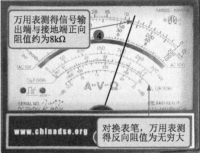

图 5-8　转把内霍尔元件的检测方法

⚙ **要点说明**

　　正常情况下，霍尔元件电源端与接地端的正、反向阻值均为 1.4kΩ 左右；信号输出端与接地端的反向阻值为无穷大，正向阻值为 8kΩ 左右。若检测的阻值与实际阻值相差较大，说明霍尔元件可能损坏，需要使用性能良好的霍尔元件进行代换或整体更换转把。除了对霍尔元件进行检测外，还应对转把内的复位弹簧、磁钢进行检查，如图 5-9 所示。

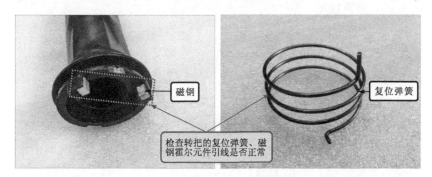

磁钢

复位弹簧

检查转把的复位弹簧、磁钢霍尔元件引线是否正常

图 5-9　检查复位弹簧和磁钢

5.2　闸把的拆卸与检修

5.2.1　闸把的结构

闸把是电动自行车刹车操作的重要部件，当需要对电动自行车执行刹车操作时，通过操作闸把可以切断电动机的供电，同时刹车系统使电动自行车停止前行。

根据闸把内部结构的不同，可以分为机械闸把和电子闸把两种，如图 5-10 所示。

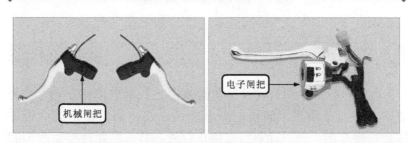

电子闸把

机械闸把

图 5-10　闸把的实物外形

要点说明

　　机械闸把和电子闸把又可以分为常开闸把和常闭闸把。常开闸把是指高电平时正常行驶，低电平时刹车；常闭闸把的信号的控制正好相反。

　　由此可知，闸把实际上是一种控制开关，有些采用常闭开关。电子闸把有些采用高电平控制方式，有些采用低电平控制方式。

　　图5-11为典型机械闸把的整体结构。由图中可知，该类闸把主要是由闸把把座、闸把手柄、闸线固定孔、闸线、调节空心螺栓及微动开关等组成的。

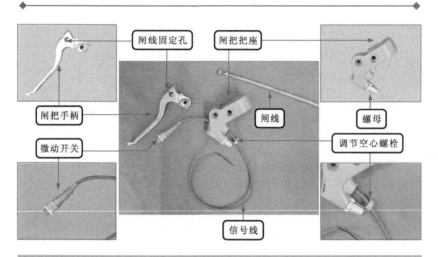

图5-11　典型机械闸把的整体结构

5.2.2　闸把的工作原理

　　电动自行车正常行驶时，若需要停止，通常操作闸把，给控制器一个刹车信号，间接切断电动机电源，同时由闸线（刹车线）带动车闸，使电动自行车停止行驶，具体控制过程如图5-12所示。

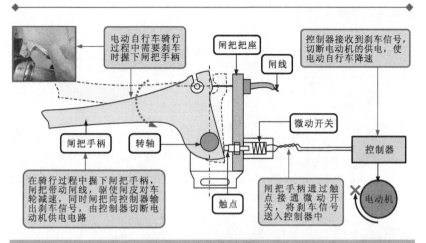

图5-12　闸把的工作原理

相关资料

　　机械闸把是通过微动开关实现刹车功能的。当握住闸把手柄时，手柄位置产生变化，使微动开关触点被弹起，由微动开关产生刹车转换信号并送入控制器，控制器接收到信号后切断电源，使电动机停止工作；同时，闸把围绕转轴转动，牵制闸线拉动车闸，使车轮减慢或停止转动。

　　电子闸把是通过闸把内部的霍尔元件和磁钢实现刹车功能的，其原理与电动自行车转把相同。在其闸把内部包含一个霍尔元件和磁钢，在正常行驶过程中，霍尔元件与磁钢接近，使霍尔元件输出正常的运行信号。使用闸把进行刹车操作时，其手柄位置产生变化，使内部磁钢所产生的磁场强度改变，霍尔元件根据所感应磁场强度的不同，向控制器输出刹车转换信号，使电动机停止工作。

5.2.3　闸把的拆卸

　　闸把的拆卸方法如图5-13所示。首先，使用螺丝刀拆卸闸把的固定螺钉，将闸把从电动自行车车把上卸下，然后再断开闸把与控制器的连接插头即可。

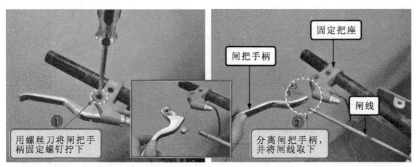

图 5-13　闸把的拆卸方法

5.2.4　闸把的检修

　　怀疑闸把出现故障时，可先使用万用表检测闸把有无输出的刹车信号，若无刹车信号输出，说明闸把可能损坏，这时可对闸把内部的微动开关进行检测。

　　按图 5-14 所示，用万用表检测闸把微动开关是否正常。

🔧 **要点说明**

　　正常情况下，微动开关闭合（闸把松开状态），测得的阻值为零；微动开关断开（闸把捏紧状态），测得的阻值为无穷大。若测量结果与上述情况不符，说明闸把内的微动开关可能已损坏，需进行更换。

若电动自行车刹车不良，可对闸把上闸线的固定部位进行检查。

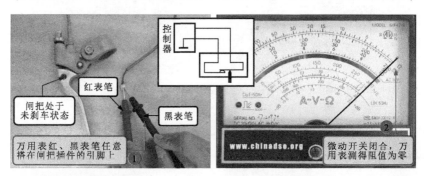

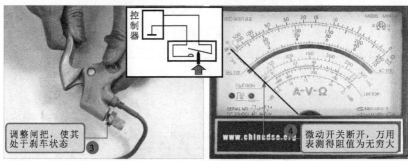

图5-14　闸把微动开关的检测

5.3　喇叭的拆卸与检修

5.3.1　喇叭的结构

喇叭主要用于在电动自行车行驶过程中提醒他人注意，以保证行车安全，图 5-15 为典型喇叭的实物外形。

图 5-15　电动自行车中喇叭的实物外形

5.3.2　喇叭的工作原理

电动自行车的喇叭通常与转向灯安装在一起，称为三合一喇叭，即可以实现报警、转向和提醒三项功能。

图 5-16 为喇叭的工作原理。常见的三合一喇叭有五根线，分别连接电源正极（红）、电源负极（黑）、喇叭（黄）、电源锁（蓝）、转向开关（棕/灰）。

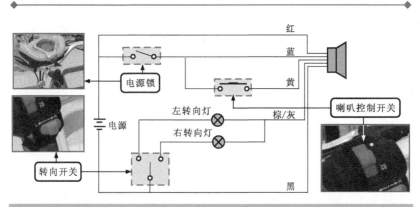

图 5-16　喇叭的工作原理

相关资料

　　当电动自行车加电后，由电池输出的电压首先加到电动自行车喇叭的控制开关上，使其处于工作状态。当按下开关后，其电源电压输入喇叭，使其发出声响。四合一喇叭与三合一喇叭的构造基本相同，区别是在三合一喇叭的基础上加装了倒车语音功能。

5.3.3　喇叭的拆卸

　　图5-17为电动自行车喇叭的拆卸方法。

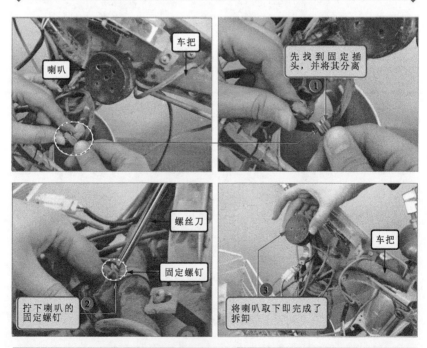

图5-17　电动自行车喇叭的拆卸方法

5.3.4　喇叭的检修

怀疑喇叭出现故障时，在确定供电正常的情况下，可将喇叭拆下后，使用一个新喇叭接入电路中，按压喇叭开关，若喇叭可正常发声，说明原喇叭损坏；若喇叭不发声，则应对喇叭的开关进行检查。

按图 5-18 所示，使用代换法检查喇叭是否损坏。

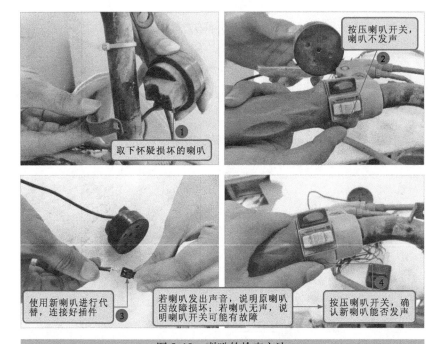

图 5-18　喇叭的检查方法

🔧 **要点说明**

所代换的新喇叭能够发声，说明原喇叭有故障；若新喇叭不能发声，说明电动自行车的喇叭开关可能损坏。

5.4　车灯的拆卸与检修

5.4.1　车灯的结构

如图 5-19 所示，电动自行车的车灯主要包括前灯、尾灯和左右转指示灯。

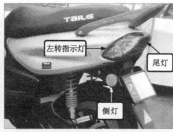

图 5-19　电动自行车的车灯

电动自行车的车灯开关通常位于左车把上，常见的有前灯开关和左右转指示灯开关，如图 5-20 所示。除此之外，还有一些电动自行车是由电源锁控制前灯的工作状态。

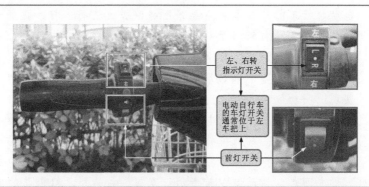

图 5-20　电动自行车的车灯开关

5.4.2　车灯的工作原理

电动自行车车灯的供电电路很简单，通常由电动自行车左右车把上的控制开关控制车灯的开启或关闭，具体控制过程如图 5-21 所示。

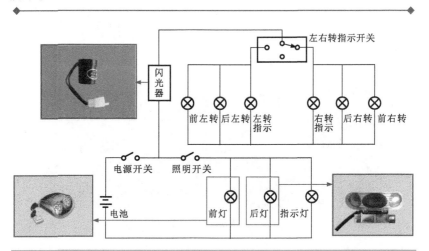

图 5-21　电动自行车车灯的电路控制过程

> **要点说明**
>
> 电动自行车的灯具电路主要采用并联方式进行连接，并通过照明开关按钮及左右转指示灯开关进行控制。在照明电路中，当电动自行车接通电源后，其电压可到达照明开关按钮，一旦行驶时按下开关，将使整个电路形成闭合回路，从而使前灯、尾灯亮起，实现照明功效。
>
> 在指示灯电路中，一旦电源接通，其电压将被送到闪光器和三位开关上，此时，该开关将根据骑车人的相关操作实现左右转指示灯的功能。当打开左转指示灯开关时，使其左转指示灯电路闭合，形成回路，从而使左转指示灯亮起；右转指示灯电路的原

理与其相同；而当将左右转指示灯开关处于中间档时，则使三位开关处于打开状态，电路开路，从而关闭指示灯。

5.4.3　车灯的拆卸

图5-22为电动自行车车灯的拆卸方法。

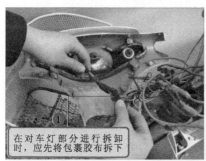
① 在对车灯部分进行拆卸时，应先将包裹胶布拆下

② 拔开连接插头

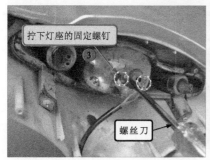
拧下灯座的固定螺钉
③
螺丝刀

将灯座及灯泡取下

图5-22　电动自行车车灯的拆卸方法

5.4.4　车灯的检修

电动自行车车灯不亮，应重点对车灯部分进行检查，将灯罩拆开后，先对车灯供电进行检测，确认供电正常后，可通过代换法检查车灯是否异常。

按图 5-23 所示，对电动自行车的前灯进行检查。

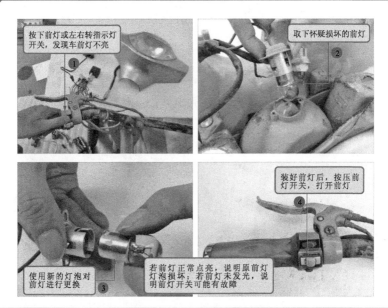

图 5-23　电动自行车前灯的检查

要点说明

　　前灯供电正常，通过代换法进行检查时，新灯泡能够发光，则说明原来的前灯灯泡损坏；若新灯泡不能发光，则说明电动自行车的前灯开关可能损坏。

5.5　助力传感器的原理与检修

5.5.1　助力传感器的结构

　　助力传感器是一种感应器件，在人力骑行电动自行车时用于控制电动机运转，减少人力骑行阻力。通常情况下助力传感器安装在电动自行车右侧脚蹬附近。

　　助力传感器是由磁盘和磁场检测器件构成的，如图5-24所示。磁盘是一个镶有多个永磁体的塑胶圆盘，该圆盘装在脚蹬轮轴上，磁场检测传感器安装在其侧面。

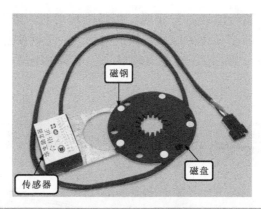

图5-24　助力传感器的实物外形

　　助力传感器的传感器器件通常以霍尔元件为主，其内部的电路板采用防水密封的方式封装成一个组件，主要用来检测磁盘在转动时的不同位置，然后将转动角度转换成相应的信号并通过传感线路传送给控制器，其外形如图5-25所示。

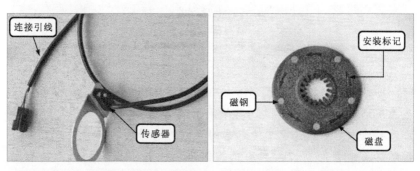

图5-25　传感器和磁盘的实物外形

　　磁盘表面安装有 5 个磁钢，当硬盘跟随中轴旋转时，传感器上的霍尔元件输出电信号，控制器将检测到的信号转换成控制电动机的信号，达到助力的功能。

5.5.2　助力传感器的工作原理

　　使用人力骑行电动自行车时，当脚蹬转动时，磁盘随之转动，磁场检测传感器将变化的磁场转换成电信号，送到控制器，电动自行车则处于人力和电力双重驱动状态。具体控制过程如图 5-26 所示。

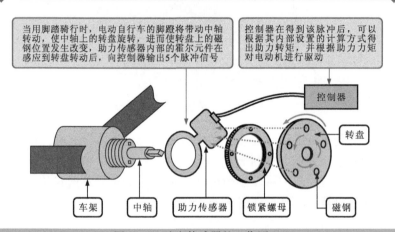

图 5-26　助力传感器的工作原理

相关资料

　　助力传感器与控制器之间有三根不同颜色的连接线，其中红色线为 +5V 供电端、黑色线为接地端、绿色线为信号传输端。

　　目前采用磁钢、霍尔传感器的助力传感器较为多见，该类助力传感器属于智能助力，具有结构简单、控制器易实现助力功能等特点。

5.5.3   助力传感器的检修

助力传感器实际上就是霍尔元件，它通过检测外界的磁场变化，输出不同的信号。通常可使用万用表对其引脚的对地阻值进行测量，从而判断其是否损坏。

按图 5-27 所示，检测助力传感器供电端、信号输出端的对地阻值。

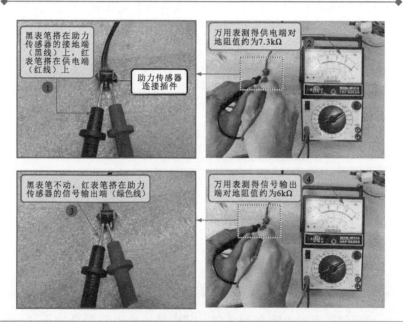

图 5-27   检测助力传感器的对地阻值

💡 **要点说明**

经检测助力传感器供电端与地之间的电阻值约为 7.3kΩ，信号输出端与地之间的电阻值约为 6kΩ。若测得阻值趋于零或无穷大，说明助力传感器已损坏，需进行更换。

5.6.1　仪表盘的结构

仪表盘是显示电动自行车当前状态的组合部件，一般安装在电动自行车的车把中间，能够使人直接观察到电池电量、速度等状态。图 5-28 为电动自行车仪表盘的实物外形。

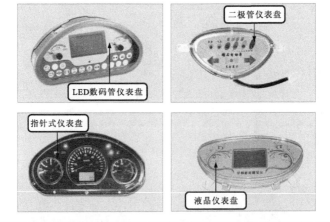

图 5-28　电动自行车仪表盘的实物外形

由于仪表盘的外形多种多样，其内部构造也有明显的不同，这里以目前常见的二极管仪表盘为例进行详细介绍。仪表盘的内部结构如图 5-29 所示。在二极管仪表盘中，其相关信息的显示是通过电动自行车前外壳内部的一块电路板来完成的。

5.6.2　仪表盘的工作原理

仪表盘的显示状态是由与控制器相连的导线进行控制、传输的，控制器在电动自行车通电、运行的过程中，将其所检测到的相关信息或人工输入的指令，并通过导线输入到仪表盘电路板内部，经控制处理后，通过发光二极管显示出来，具体控制过程如图 5-30 所示。

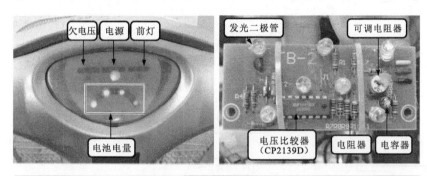

图 5-29　典型仪表盘的内部结构

5.6.3　仪表盘的检修

仪表盘是电动自行车整车工作状态的指示部件，该部分故障主要表现为仪表盘中指示灯不亮、所有指示功能失常等。

仪表盘是显示电动自行车当前状态的组合部件，出现故障多为内部发光二极管和电压比较器损坏所引起，一般可通过更换损坏部件或直接更换仪表盘内的电路板排除故障。

若电动自行车通电后，仪表盘没有任何反应，可先使用万用表检测仪表盘的供电电压是否正常，如图 5-31 所示。

若仪表盘中指示灯不亮，可使用万用表对指示灯的阻值进行检测，判断指示灯是否正常，如图 5-32 所示。

若检测到仪表盘的供电电压、指示灯均正常，而仪表盘仍无法正常使用，则需要对仪表盘中的主要器件（电压比较器）进行检测，如图 5-33 所示。

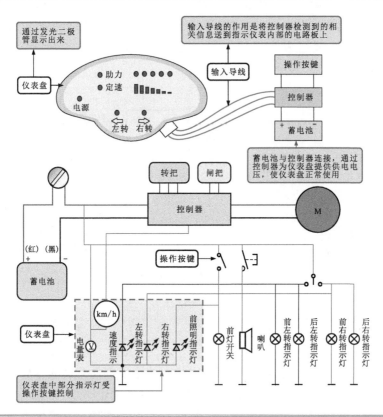

图 5-30　仪表盘的工作原理

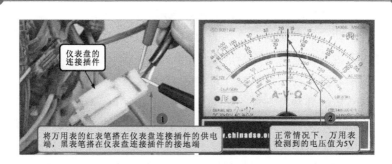

图 5-31　仪表盘供电电压的检测

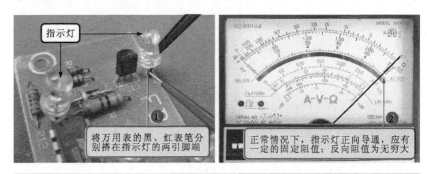

图 5-32　检测指示灯是否正常

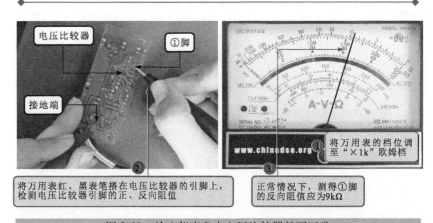

图 5-33　检查仪表盘中电压比较器是否正常

相关资料

　　判断电压比较器是否正常时，应在断电情况下，使用万用表检测电压比较器各引脚的正、反向电阻值，通过对电阻值的检测来判断电压比较器是否正常。正常情况下，电压比较器（CP2139D）各引脚的正、反向阻值见表5-1。

表5-1　电压比较器（CP2139D）各引脚的正、反向阻值

引脚号	正向阻值（黑表笔接地）/kΩ	反向阻值（红表笔接地）/kΩ	引脚号	正向阻值（黑表笔接地）/kΩ	反向阻值（红表笔接地）/kΩ
①	7.5	9	⑧	6	6.3
②	8	∞	⑨	2	2
③	7.5	8.5	⑩	6.5	6.5
④	6.5	7	⑪	3	2
⑤	2	2	⑫	0	0
⑥	6	6	⑬	8	∞
⑦	2	2	⑭	8	∞

第6章

电动自行车电动机的特点与工作原理

6.1 电动自行车电动机的特点

6.1.1 有刷电动机的构造

　　有刷电动机是指内部带有电刷和换向器的一类电动机，它的主要特点是通过内部电刷和换向器实现电能的供给和转换，图 6-1 所示为电动自行车中有刷电动机的内部结构。从图中可以看到，有刷电动机主要是由电刷组件、换向器、定子、转子、轴承和两侧端盖等构成的。

扫一扫看视频

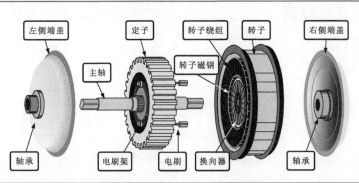

图 6-1　有刷电动机的内部结构

要点说明

电动自行车的电动机作为车轮的一部分，是一种外转子式电动机，转子与车轮成一体，与轴连在一起的是定子。

1. 电刷组件

如图6-2所示电刷组件是有刷电动机中的核心部件，通常包括电刷、压力弹簧、电刷架几部分。其中，电刷与压力弹簧连接后由电刷架固定在电动机定子上，主要作用于与之配合工作的换向器上，作为导入、导出电流的滑动接触体。

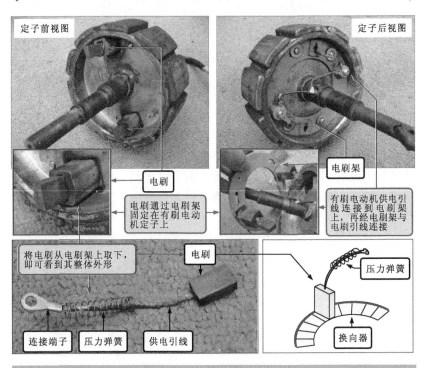

图6-2　有刷电动机的电刷组件

相关资料

电动自行车有刷电动机中的电刷是由石墨或金属石墨组成的导电块,有刷电动机与控制器连接的引线直接连接在电刷上,由电刷为电动机内部绕组供电。

2. 换向器

如图 6-3 所示换向器一般安装在有刷电动机的转子上,是一种与转子绕组相连的导电环,用于与电刷配合工作来实现电动机绕组中电流方向的变化。

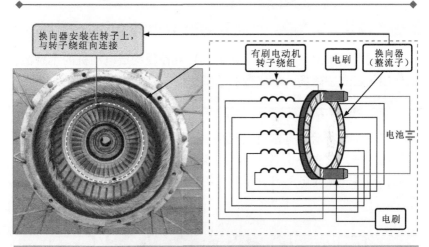

图 6-3   有刷电动机中的换向器

要点说明

有刷直流电动机中的电刷通过压力弹簧压力接触到换向器,也就是说电刷和换向器是靠弹性压力互相接触向转子绕组传送电流的。

3. 定子

如图6-4所示，有刷电动机的定子是指在电动机运转状态中固定不动的部分，主要由电动机轴、定子永磁铁（磁钢片）、衔铁等组成。

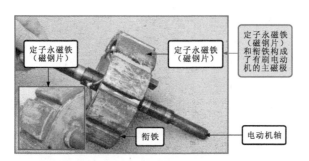

图6-4　有刷电动机中的定子部分

有刷电动机定子永磁铁（磁钢片）和衔铁构成电动机的主磁极，其作用是建立主磁场，形成磁场环境。

 4. 转子

如图6-5所示，有刷电动机的转子是指电动机运转状态下能够旋转的部分，它主要由转子磁钢、转子铁心和绕组等部分构成，通常和换向器一起与电动自行车的后轮制成一个整体。

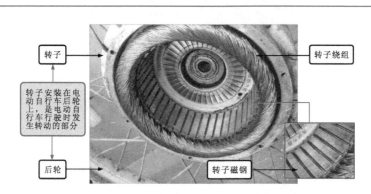

图6-5　电动自行车有刷电动机中的转子部分

　　转子绕组按一定规则嵌放在转子磁钢槽内，它是有刷电动机电路部分，也是产生感应电动势形成电磁转矩进行能量转换的部分。

5. 轴承和两侧端盖

　　图 6-6 所示为典型电动自行车有刷电动机中的轴承和端盖部分。通常轴承位于两侧端盖中间部分，是支撑电动机转子旋转的关键。

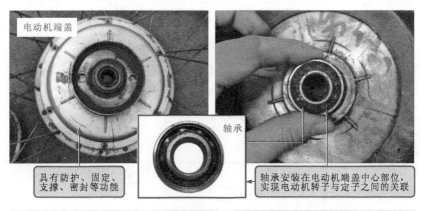

图 6-6　电动自行车有刷电动机中的轴承和端盖部分

　　轴承是有刷电动机中转子与定子关联部件，是支撑电动自行车电动机主轴旋转的关键部件；两侧端盖将电动机内部形成一个密封空间，防止雨水、杂物进入电动机内部。

6.1.2　无刷电动机的构造

　　无刷电动机就是指无电刷和换向器的一类电动机，它的内部不包含电刷及换向器等部件，直接通过定子、转子等实现电能到机械能的转换。图 6-7 所示为无刷电动机的内部结构。从图中可以看到，无刷电动机主要是由定子、转子、霍尔元件、轴承和两侧端盖等构成的。

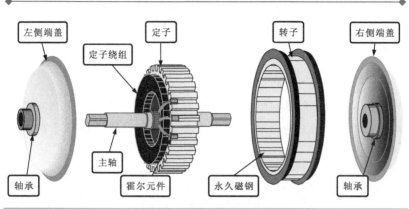

图6-7　无刷电动机的内部结构组成示意图

　　无刷电动机是以电子组件和传感器取代了机械电刷和换向器，具有结构简单、无机械磨损、运行可靠、调速精度高、效率高、起动转矩高等优点。

1. 定子

　　无刷电动机的定子主要由电动机轴、定子铁心、定子绕组等部分组成，如图6-8所示。

图6-8　电动自行车无刷电动机中的定子部分

2. 转子

图 6-9 所示为电动自行车无刷电动机中的转子部分。从图中可以看到，该类电动机转子部分是由永久磁钢制成的。

图 6-9　电动自行车无刷电动机中的转子部分

3. 霍尔元件

霍尔元件是电动自行车无刷电动机中的传感器件。霍尔元件一般被固定在电动机的转子上，如图 6-10 所示，用于检测转子磁极的位置，以便借助于该位置信号控制定子绕组中的电流方向和相位，并驱动转子旋转。

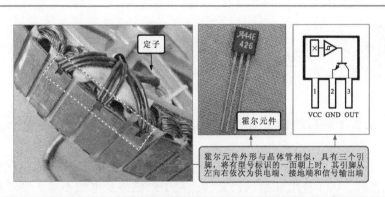

图 6-10　电动自行车无刷电动机中的霍尔元件

相关资料

电动自行车无刷电动机中一般设有三个霍尔元件，每个霍尔元件有三个引脚，分别为供电端、信号端和接地端，如图6-11所示。

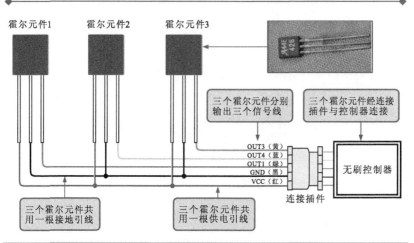

图6-11　无刷电动机中霍尔元件的引脚关系

在无刷电动机中，三个霍尔元件的供电端共用一根供电线（红色线），接地端共用一根接地线（黑色线），信号端分别为3根信号线（黄绿蓝线），因此共引出5根连接线与控制器连接。

6.2　电动自行车电动机的工作原理

6.2.1　有刷电动机的工作原理

图6-12所示为有刷电动机中各主要部件的关系图。有刷电动机工作时，转子绕组和换向器旋转，定子永磁体及电刷不转，转子绕组中的电流是电刷与换向器靠压力弹簧压力互相接触传送的；转子

绕组电流方向的交替变化是随电动机转动的换向器以及与其相关的电刷完成的。

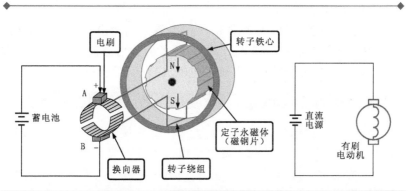

图 6-12　有刷电动机主要部件的关系示意图

将有刷电动机接通直流电源时，直流电源的正负极通过电刷、换向器与电动机的转子绕组接通。图 6-13 所示为有刷电动机接通电源一瞬间，有刷电动机线圈中电流方向以及转子受力旋转方向。

扫一扫看视频

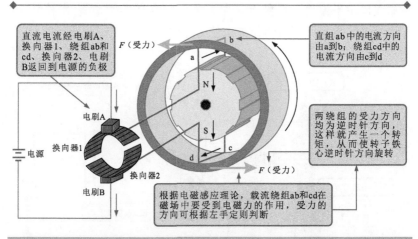

图 6-13　电源接通瞬间有刷电动机线圈电流方向以及转子受力旋转方向

从图 6-13 中可以看到，有刷电动机接通电源一瞬间时，直流电源的正、负两极通过电刷 A 和 B 与电动机的转子绕组接通，直流电流经电刷 A、换向器 1、绕组 ab 和 cd、换向器 2、电刷 B 返回到电源的负极。根据电磁感应理论，载流导体 ab 和 cd 在磁场中要受到电磁力的作用。

根据左手定则，由于导体 ab 中的电流方向为由 a 到 b，而导体 cd 中的电流方向为由 c 到 d，因此，两者的受力方向均为逆时针方向。这样就产生一个转矩，从而使电枢（转子）逆时针方向旋转。

要点说明

在有刷电动机中，一个线圈边从一个磁极范围经过中性面到了相邻的异性磁极范围时，通过线圈的电流方向已改变一次，因而转子的转动方向保持不变。改变线圈中电流方向是靠换向器和电刷来完成的。

相关资料

左手定则是确定通电导体在外磁场中受力方向的定则。其判断方法如图 6-14 所示，即伸开左手，使拇指与其余四指垂直，并都与手掌在同一平面内，让磁力线穿入手心（手心面向磁场 N 极），四指指向电流方向，拇指所指方向就是导体的受力方向。

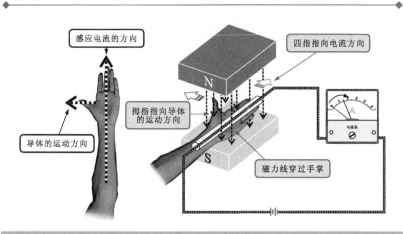

图 6-14　左手定则

图 6-15 所示为有刷电动机转子转过 90°时的工作过程。当有刷电动机转子转过 90°时，两个绕组边处于磁场物理中性面，且电刷不与换向器接触，绕组中没有电流流过，$F = 0$，转矩消失。

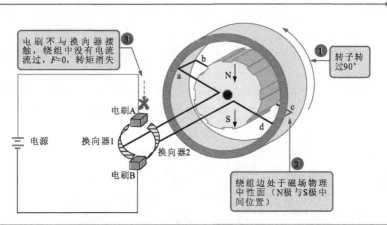

图 6-15　有刷电动机转子转过 90°时的工作过程

图 6-16 所示为有刷电动机转子再经 90°旋转的工作过程。由于机械惯性的作用，有刷电动机的转子将冲过一个角度（90°），这时绕组中又有电流流过，此时直流电流经电刷 A、换向器 2，绕组 dc 和 ba、换向器 1、电刷 B 返回到电源的负极。

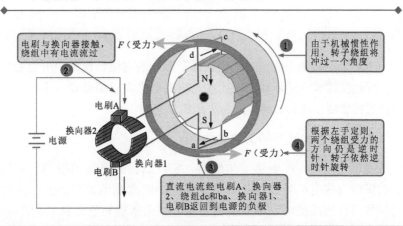

图 6-16　有刷电动机转子再经 90°旋转的工作过程

由此可见，一个绕组从一个磁极范围经过中性面到了相对的异性磁极范围时，通过绕组的电流方向已改变一次，因此转子的转动方向保持不变。绕组中电流方向改变是靠换向器和电刷来完成的。

6.2.2　无刷电动机的工作原理

图 6-17 所示为无刷电动机的工作原理示意图。无刷电动机的转子是由永久磁钢构成的，它在圆周上设有多对磁极（N、S）。绕组绕制在定子上，当接通直流电源时，电源为定子绕组供电，转子磁极受到定子磁场的作用而产生转矩并旋转。

扫一扫看视频

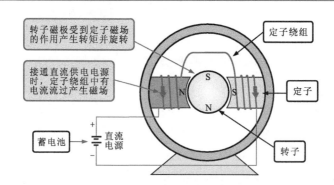

图 6-17　无刷电动机的工作原理

无刷电动机定子绕组必须根据转子磁极的方位切换其中电流的方向，才能使转子连续旋转，因此在无刷电动机内必须设置一个转子磁极位置传感器，这种传感器通常采用霍尔元件。

 1. 霍尔元件的工作过程

霍尔元件是一种磁感应传感器，它可以检测磁场的极性，将磁场的极性变成电信号的极性，定子绕组中的激励电流根据霍尔元件的信号进行切换就可以形成旋转磁场，驱动永磁转子旋转。图 6-18 所示为无刷电动机中霍尔元件及绕组线圈的工作过程。

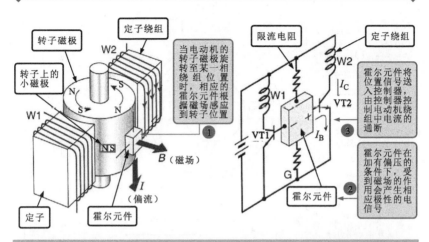

图6-18　电动自行车无刷电动机中霍尔元件及绕组线圈的工作过程

 要点说明

在图6-18中，霍尔元件上下经限流电阻接到电源上，有电流
I流过。这种情况，如受到磁通（B）的作用，霍尔元件的左右会
输出极性相反的电压，使VT1截止、VT2导通。VT1截止，W1无
电流；VT2导通，W2有电流，其所产生的磁场会吸引转子磁极反
时针旋转。

2. 无刷电动机的转动过程

霍尔元件安装在无刷直流电动机靠近转子磁极的位置，输出端
分别加到两个晶体管的基极，用于输出极性相反的电压，控制晶体
管的导通与截止状态，从而控制绕组中的电流，使其绕组产生磁场
吸引转子连续运转。

图6-19所示为霍尔元件靠近转子 S 极时转子绕组中电流及转子
的转动方向。

当转子转动 90°时，霍尔元件处于中性位置，如图6-20所示，
此时无输出，两个晶体管都截止，但电动机的转子会因惯性而继续
转动。

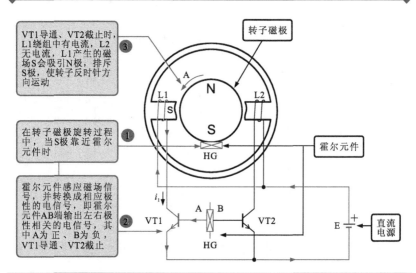

图6-19　霍尔元件靠近转子S极时转子绕组中电流及转子的转动方向

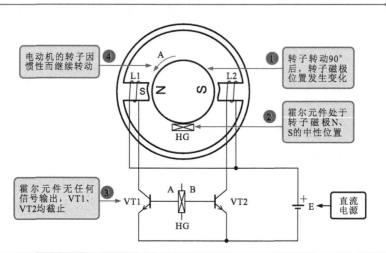

图6-20　霍尔元件处于中性位置时转子绕组中电流及转子的转动方向

当转子 N 极转到霍尔元件的位置时，霍尔元件靠近转子 N 极，如图 6-21 所示，此时霍尔元件受到与前次相反的磁极作用，霍尔元件的输出 B 为正 A 为负，则 VT2 导通，L2 中有电流，产生磁极为

S，S 极吸引转子的 N 极，则转子继续逆时针转动，这样就可以连续旋转起来了。

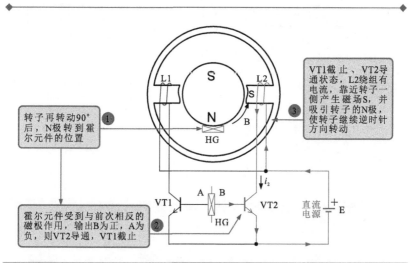

图 6-21　霍尔元件靠近转子 N 极时转子绕组中电流及转子的转动方向

3. 无刷电动机的控制过程

无刷直流电动机的结构中有两个死点（区），即当转子 N、S 极之间的位置为中性点，在此位置霍尔元件感受不到磁场，因而无输出，则定子绕组也会无电流，电动机只能依靠惯性转动，如果恰巧电动机停在此位置，则会无法起动。为了克服上述问题，在电动自行车中多采用双极性三相半波通电方式对无刷电动机进行控制。

双极性无刷电动机中定子绕组的结构和联结方式有两种，如图 6-22 所示。

双极性控制方式的无刷电动机通过切换开关，可以使定子绕组中的电流循环导通，并形成旋转磁场。所谓双极性是指绕组中的电流方向在电子开关的控制下可双向流动，单极性的绕组中的电流只能单向流动。

图 6-23 所示为三角形联结绕组结构的双极性无刷电动机的工作过程。通过切换开关，可以使定子绕组中的电流循环导通，并形成

旋转磁场。从图中可以看到，循环一周的开关状态和电流通路。

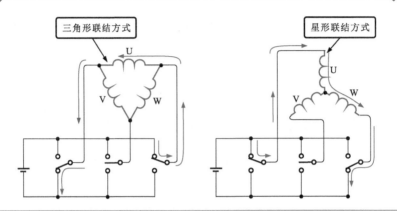

图6-22　双极性无刷电动机中定子绕组的结构和联结方式

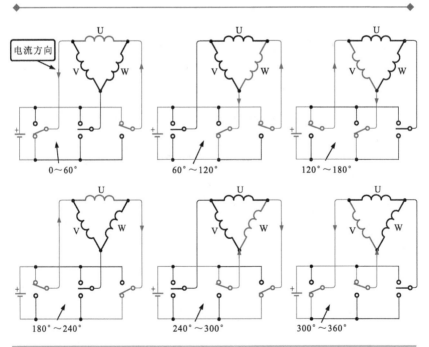

图6-23　三角形联结绕组结构的双极性无刷电动机的工作过程

　　无刷电动机中的开关通常是由场效应晶体管构成的（控制器中）。为了实现开关有序的变换，必须有一套控制驱动电路的方法。

　　图6-24所示为是采用双极性控制方式的无刷电动机的驱动过程。

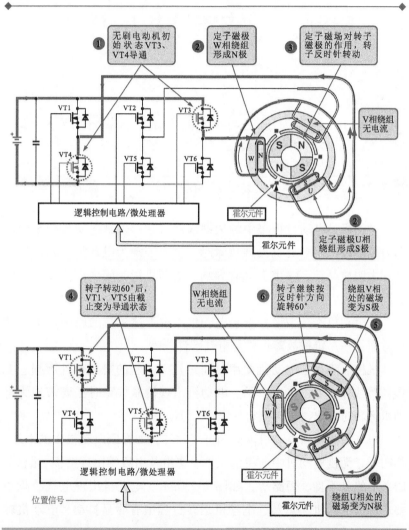

图6-24　采用双极性控制方式的无刷电动机的驱动过程

第7章
电动自行车电动机的检修

7.1 电动自行车电动机的故障特点与拆卸

7.1.1 电动自行车电动机的故障特点

电动机是电动自行车中的关键部件之一，也是电动自行车中的动力源部件。当电动机出现故障时，主要表现为电动机不转、行车过程中明显晃动、噪声大或有异响、电动机短时间内严重过热、爬坡困难不给力等。

从电动机本身来说，引起电动机出现上述故障的原因通常有两个方面：一是机械故障；二是电气部件故障。

机械故障是指电动机使用时间过长而引起的机械部件磨损、变形、锈蚀等，如图7-1所示。电动机出现机械故障时主要表现为电动机运转时发出碰撞声或机械噪声。

电气故障是指电动机内部的电气部件，如有刷电动机中的电刷、换向器，无刷电动机中的霍尔元件、绕组及引线等出现磨损、断裂、脱落、绝缘不良、短路等，如图7-2所示。电动机出现电气故障主要表现为电动机不运转、电动机运转过程中有明显抖动、电动机转速慢、电动机时转时停等。

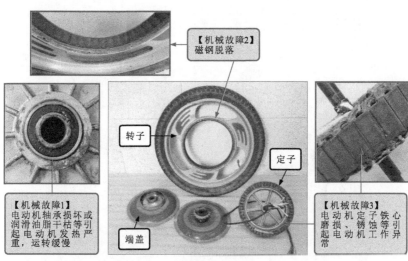

【机械故障2】
磁钢脱落

转子

定子

【机械故障1】
电动机轴承损坏或
润滑油脂干枯等引
起电动机发热严
重，运转缓慢

端盖

【机械故障3】
电动机定子铁心
磨损、锈蚀等引
起电动机工作异
常

a) 无刷电动机机械故障

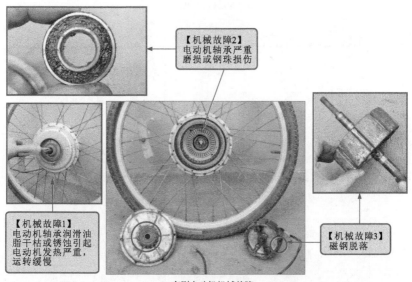

【机械故障2】
电动机轴承严重
磨损或钢珠损伤

【机械故障1】
电动机轴承润滑油
脂干枯或锈蚀引起
电动机发热严重，
运转缓慢

【机械故障3】
磁钢脱落

b) 有刷电动机机械故障

图 7-1　电动机常见的机械故障

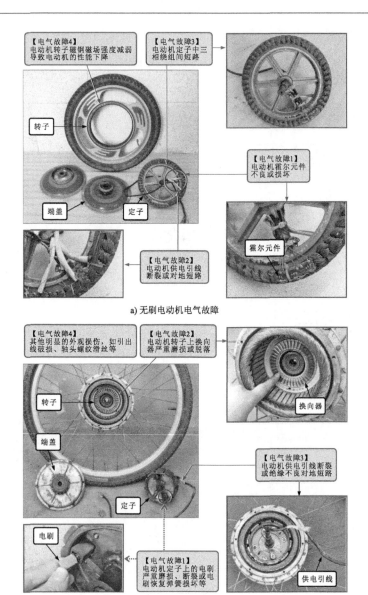

【电气故障4】
电动机转子磁钢磁场强度减弱导致电动机的性能下降

【电气故障3】
电动机定子中三相绕组间短路

转子

端盖

定子

【电气故障1】
电动机霍尔元件不良或损坏

霍尔元件

【电气故障2】
电动机供电引线断裂或对地短路

a) 无刷电动机电气故障

【电气故障4】
其他明显的外观损伤，如引出线破损、轴头螺纹滑丝等

【电气故障2】
电动机转子上换向器严重磨损或脱落

转子

换向器

端盖

【电气故障3】
电动机供电引线断裂或绝缘不良对地短路

定子

电刷

【电气故障1】
电动机定子上的电刷严重磨损、断裂或电刷恢复弹簧损坏等

供电引线

b) 有刷电动机电气故障

图7-2　电动机常见的电气故障

要点说明

　　电动机工作失常时，很多故障并不是由于其自身故障引起的，当电动自行车的控制器不良、调速转把故障或蓄电池供电不足时，均可能导致电动机运转失常的故障。也就是说，一种故障所对应的故障原因并不是单一的，从表面现象看到的是电动机运转不正常，但可能需要对与其相关联的所有部分进行检测和排查，这也是电动自行车电气部分故障的主要特点。

7.1.2　有刷电动机的拆卸

　　有刷电动机的拆卸方法同无刷电动机相同，在对有刷电动机进行拆卸时，也应先将带有有刷电动机的后轮从电动自行车上拆卸下来，以方便后面对有刷电动机进一步的拆卸，如图7-3所示。

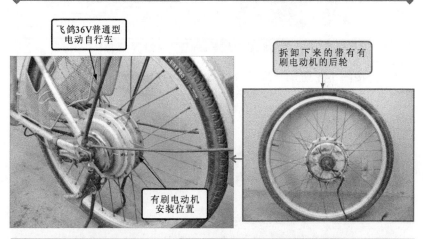

飞鸽36V普通型
电动自行车

拆卸下来的带有有
刷电动机的后轮

有刷电动机
安装位置

图7-3　从电动自行车上拆下的带有有刷电动机的后轮

　　将有刷电动机从电动自行车上拆下后，便可按照有刷电动机的拆卸流程对其进行拆卸操作了。

　　（1）拆卸有刷电动机的端盖

　　端盖用于封闭和固定有刷电动机内部的定子及转子，对端盖进行拆卸时，应首先在前、后端盖上做好拆卸标记，然后将端盖上的固定螺钉拧下，撬动后端盖，将其取下即可。

扫一扫看视频

1）按图7-4所示，使用记号笔在有刷电动机的前、后端盖上做好标记，并将其固定螺钉拧下。

使用记号笔在有刷电动机两侧的端盖上标出端盖安装位置记号

①

记号笔

使用螺丝刀将有刷电动机端盖上的固定螺钉全部拧下

②

螺丝刀

右侧端盖

图7-4　在前、后端盖上做好标记，并将其固定螺钉拧下

2）按图7-5所示，取下无刷电动机的后端盖。

将两个一字槽螺丝刀分别插入后端盖两端内进行撬动

①

后端盖

将后端盖从有刷电动机上取下，注意不要损坏引线

②

连接引线

图7-5　取下无刷电动机的后端盖

（2）拆卸有刷电动机的定子及转子

有刷电动机的后端盖取下后，即可看到有刷电动机的定子和转子，接下来将定子和转子分离，并将定子上的电刷取下，即可完成有刷电动机的拆卸了。

1）按图7-6所示，在后轮圆周均匀用力，分离有刷电动机的定子和转子。

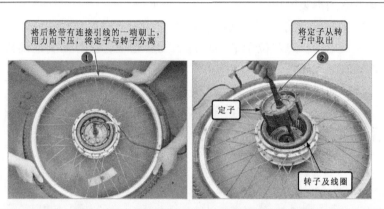

图7-6　分离有刷电动机的定子和转子

2）按图7-7所示，拧下位于定子上的电刷架固定螺钉，取下电刷架及电刷。

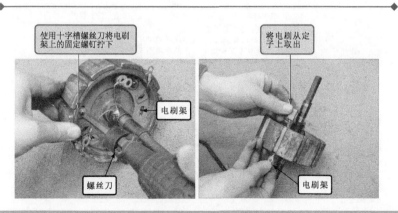

图7-7　取下电刷架及电刷

7.1.3 无刷电动机的拆卸

拆装电动行车无刷电动机是电动机维修操作的前提，掌握正确的操作方法和步骤，对于准确、高效拆装无刷电动机、提高维修效率十分关键。在进行无刷电动机的拆装操作之前，应首先了解并熟悉其基本的拆装流程。

（1）拆卸带有无刷电动机的后轮

无刷电动机通常位于电动自行车的后轮中，在对无刷电动机进行拆卸时，应先将带有无刷电动机的后轮从电动自行车上拆卸下来，以方便后面对无刷电动机的进一步拆卸。

1）将电动自行车的后部垫起，按图7-8所示，将电动机与控制器之间的连接引线拔开，并从车体中抽出。

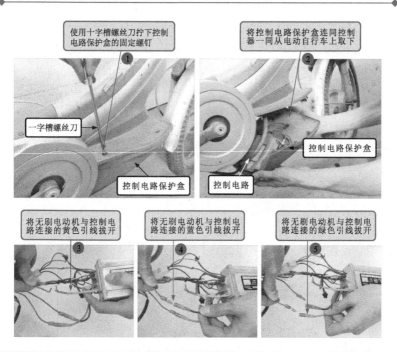

图7-8　拔开电动机与控制器之间的连接引线，并从车体中抽出

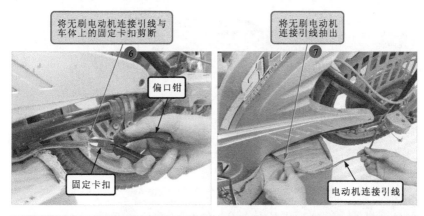

图7-8　拨开电动机与控制器之间的连接引线，并从车体中抽出（续）

要点说明

　　在拨开电动机与控制器的连接引线之前，应记录好连接引线的对应关系，以保证在重装电动机时能够一一对应连接，避免安装错误。

　　2）按图7-9所示，取下后轮两侧的塑料支架。

图7-9　取下后轮两侧的塑料支架

　　3）按图7-10所示，拧下后轮两端的固定螺母、取下塑料支架垫片。

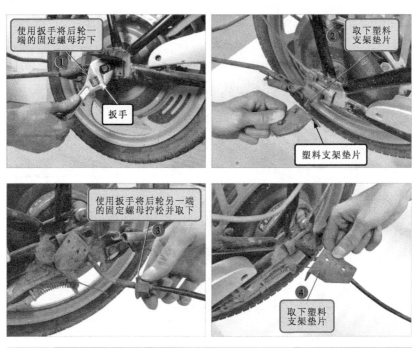

图7-10 拧下后轮两端的固定螺母、取下塑料支架垫片

4）按图7-11所示，将无刷电动机霍尔元件连接引线与插头分离。

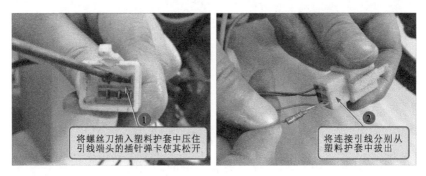

图7-11 分离无刷电动机霍尔元件连接引线与插头

🔧 **要点说明**

　　在无刷电动机进行更换或检修完毕时，需将霍尔元件连接引线重装到塑料护套中，此时应确保压下去的弹卡与护套卡紧，否则插针在护套中无法固定牢固，容易引起与控制器之间脱线或接触不良的故障。

　　5）按图7-12所示，取下无刷电动机连接引线上的螺母以及塑料支架垫片。

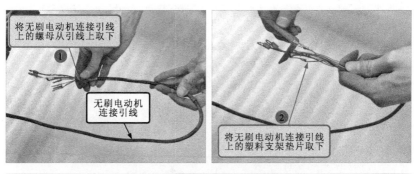

图 7-12　取下无刷电动机连接引线上的螺母以及塑料支架垫片

　　6）按图7-13所示，取下电动自行车的车梯。

图 7-13　取下电动自行车的车梯

　　7）按图7-14所示，将胀闸与闸线分离。

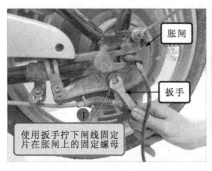

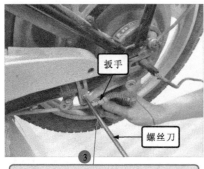

图7-14 分离胀闸与闸线

8）按图7-15所示，将带有无刷电动机的后轮与电动自行车分离。

图7-15 将带有无刷电动机的后轮与电动自行车分离

（2）拆卸无刷电动机的后端盖

端盖用于封闭和固定无刷电动机内部的定子及转子，对后端盖进行拆卸时，应首先在前、后端盖上做好拆卸标记，然后将端盖上的固定螺钉拧下，撬动后端盖，将其取下即可。

1）按图7-16所示，将无刷电动机轴两侧的垫片以及胀闸从无刷电动机上取下。

将无刷电动机带有链条齿轮一侧的垫片取下 ❶

将无刷电动机带有胀闸一侧的垫片取下 ❷

将胀闸从无刷电动机上取下 ❸

图7-16　取下垫片及胀闸

2）按图7-17所示，使用记号笔在无刷电动机的前、后端盖上做好标记。

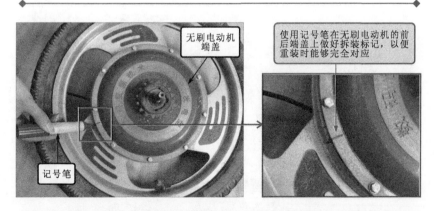

无刷电动机端盖

使用记号笔在无刷电动机的前后端盖上做好拆装标记，以便重装时能够完全对应

记号笔

图7-17　在端盖上做好拆卸标记

3）按图7-18所示，使用套筒扳手拧下无刷电动机前、后端盖

的固定螺钉。

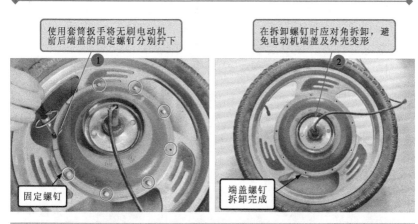

图 7-18　拧下前、后端盖的固定螺钉

4）按图 7-19 所示，在无刷电动机后端盖与轴承的衔接处滴加适量润滑油。

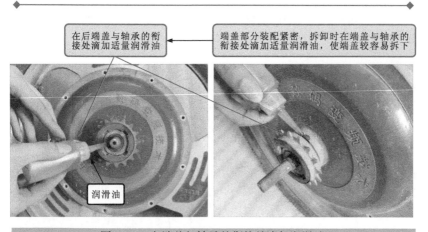

图 7-19　在端盖与轴承的衔接处滴加润滑油

5）按图 7-20 所示，使用一字槽螺丝刀撬动无刷电动机的后端盖，将其拆下。

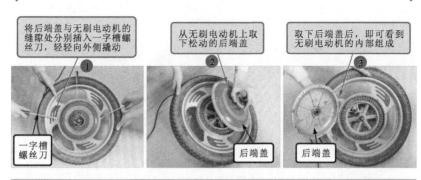

图 7-20　拆卸后端盖

（3）拆卸无刷电动机的前端盖并分离定子及转子

无刷电动机的后端盖取下后，即可看到无刷电动机内部的定子和转子，接下来将定子和转子分离，同时拆下前端盖即可完成无刷电动机的拆卸了。

1）按图 7-21 所示，在后轮圆周均匀用力，分离电动机后端盖及定子和转子。

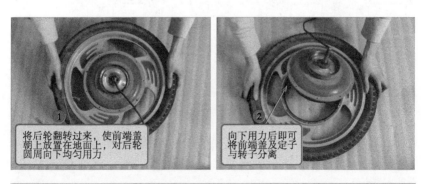

图 7-21　分离后端盖、定子及转子

2）按图 7-22 所示，将前端盖及定子部分从无刷电动机的后轮上取下。

将前端盖从无刷电动机输出引线中抽出，将后端盖彻底取下 ①

从无刷电动机转子中取下定子及线圈 ②

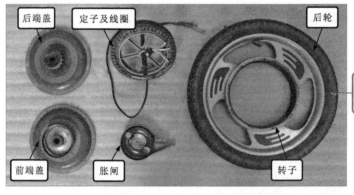

后端盖　定子及线圈　后轮

至此无刷电动机拆卸完成

前端盖　胀闸　转子

图 7-22　取下后端盖及定子部分

要点说明

　　在对无刷电动机进行拆卸前应清洁操作场地，防止杂物吸附到无刷电动机内的磁钢上，从而影响电动机性能。若不需要对无刷电动机内部进行检修或更换，应尽量避免对电动机内部的拆卸，防止重装不当引起损耗过多，降低无刷电动机本身性能或使用寿命。另外，若怀疑无刷电动机损坏，可以直接更换整个电动机。

7.2　电动自行车电动机的检测与替换

7.2.1　有刷电动机的检测

根据有刷电动机的结构特点，其内部主要由电刷、换向器、轴承、定子永磁体、转子绕组等部分构成，对该类电动机进行检修时重点是对这些部件进行检测。

1. 有刷电动机内短路或断路故障的判断方法

由于有刷电动机的供电引线从电动机输出后需要弯曲近90°后，才能引入车体中部与控制器相连接，因此应重点检查弯曲部分有无短路或断路情况，引线内部所连接电刷、换向器及转子绕组有无断路故障等。

图7-23所示为有刷电动机短路或断路故障的检测示意图。将万用表的红、黑表笔分别搭在有刷电动机的两根连接引线上，实测阻值相当于电刷、换向器以及转子绕组串联后的阻值，通过该方法即可判断有刷电动机有无短路或断路的故障。

扫一扫看视频

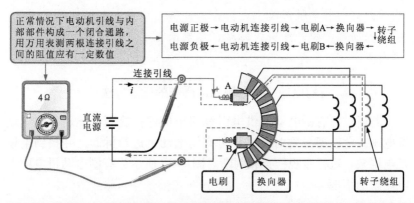

图7-23　有刷电动机短路或断路故障的检测示意图

按图 7-24 所示，对有刷电动机短路或断路故障进行的实际检测和判断。

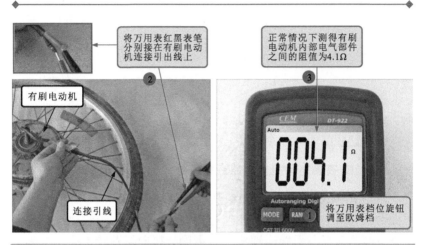

将万用表红黑表笔分别接在有刷电动机连接引出线上

正常情况下测得有刷电动机内部电气部件之间的阻值为4.1Ω

有刷电动机

连接引线

将万用表档位旋钮调至欧姆档

图 7-24　有刷电动机短路或断路故障的判断方法

 要点说明

正常情况下，有刷电动机供电引线之间的阻值应为几欧姆。若在改变引线状态时，发现万用表测量其阻值有明显变化，则一般说明引线中可能存在短路或断路故障，应更换引线或将引线重新连接好；若电阻值趋于无穷大，说明电动机供电引线线路中可能存在断路故障，如引线断路、电刷未与换向器接触、转子绕组断路等。

2. 有刷电动机中电刷和电刷架的检修方法

若通过对有刷电动机供电引线间阻值进行检测，怀疑有刷电动机电刷或电刷架异常时，需要对有刷电动机进行拆卸，并找到电刷及电刷架，进行直观检查和判断。图 7-25 所示为有刷电动机电刷及电刷架的结构。

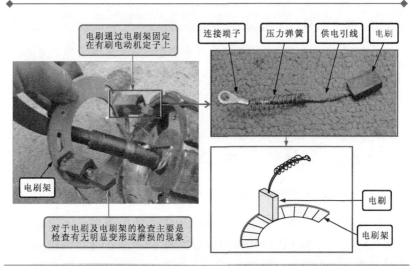

图 7-25　有刷电动机电刷及电刷架的结构

按图 7-26 所示，对有刷电动机中的电刷和电刷架进行检修。

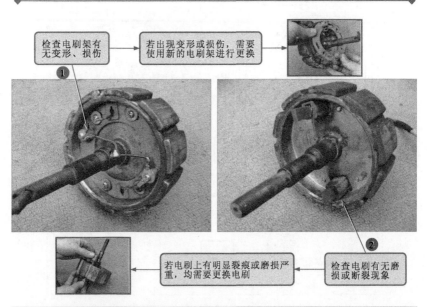

图 7-26　有刷电动机中电刷和电刷架的检修方法

要点说明

　　对于电刷架主要是检查有无明显变形或磨损，若有明显变形或损坏应进行更换。对于电刷部分主要是检查有无磨损严重或明显损坏迹象，若磨损严重或有明显损坏迹象，应找同型号的电刷进行更换。

　　值得注意的是，若经检查发现电刷损坏严重，对电刷进行更换后，需要首先对其进行空载磨合，增大电刷与换向器的接触面积，以保证带负载良好时的换向功能。

3. 有刷电动机中换向器和转子绕组的检修方法

　　换向器和转子绕组是有刷电动机中重要的组成部件，通常采用直接观察法、打磨法进行判断和修复。图7-27所示为有刷电动机中的换向器和转子绕组的结构。

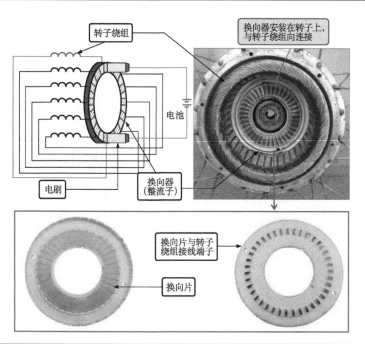

图7-27　有刷电动机中的换向器和转子绕组的结构

按图7-28所示，对有刷电动机中的换向器和转子绕组进行检修。

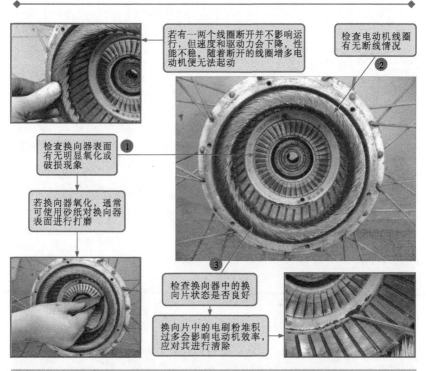

若有一两个线圈断开并不影响运行，但速度和驱动力会下降，性能不稳。随着断开的线圈增多电动机便无法起动

检查电动机线圈有无断线情况 ②

检查换向器表面有无明显氧化或破损现象 ①

若换向器氧化，通常可使用砂纸对换向器表面进行打磨

③

检查换向器中的换向片状态是否良好

换向片中的电刷粉堆积过多会影响电动机效率，应对其进行清除

图7-28   有刷电动机中换向器和转子绕组的检修方法

 要点说明

值得注意的是，由于电动机进水等原因，可能会引起电动机内部元器件发生氧化，换向器氧化通常会引起换向器与电刷接触不良，引起电动机无法正常工作的故障。

4. 有刷电动机中轴承和定子永磁体的检修方法

对于轴承、定子永磁体等机械部件来说，对其进行检查一般通过外观进行检查，根据具体检查结果采取适当措施进行补救或修复。

1）按图 7-29 所示，对有刷电动机的轴承进行检查。

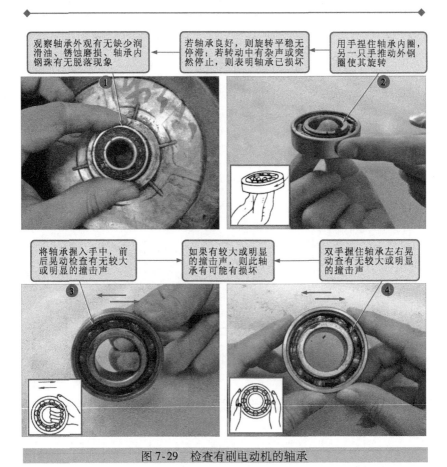

图 7-29　检查有刷电动机的轴承

要点说明

若经检查轴承损坏，则应直接更换；若润滑不良或锈蚀，则需要对其进行清洗并重新润滑。

2）按图 7-30 所示，对有刷电动机的轴承进行重新润滑。

3）按图 7-31 所示，对有刷电动机的定子永磁体进行检修。

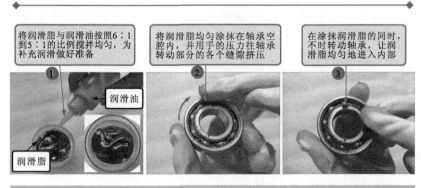

将润滑脂与润滑油按照6∶1到5∶1的比例搅拌均匀，为补充润滑做好准备

将润滑脂均匀涂抹在轴承空腔内，并用手的压力往轴承转动部分的各个缝隙挤压

在涂抹润滑脂的同时，不时转动轴承，让润滑脂均匀地进入内部

润滑油

润滑脂

图7-30　重新润滑有刷电动机轴承

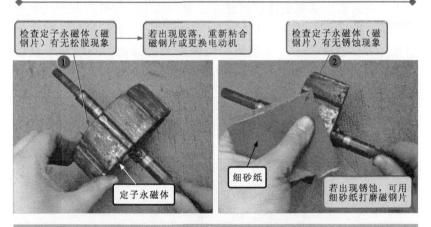

检查定子永磁体（磁钢片）有无松脱现象

若出现脱落，重新粘合磁钢片或更换电动机

检查定子永磁体（磁钢片）有无锈蚀现象

定子永磁体

细砂纸

若出现锈蚀，可用细砂纸打磨磁钢片

图7-31　检修有刷电动机的定子永磁体

相关资料

　　对有刷电动机进行检修前，首先应对电动机外部条件进行检查。如检查电动机输出引线有无短路、断路等现象，确认故障是由电动机内部部件损坏引起的，再进行拆解，对内部电刷、电刷架、换向器以及轴承、定子永磁体等机械部件进行检修。

7.2.2　无刷电动机的检测

对无刷电动机进行检修前，首先应对电动机外部条件进行检查。如通过检测无刷电动机三相绕组连接引线之间的阻值，判断无刷电动机绕组有无短路或断路故障；通过检测无刷电动机霍尔元件连接引线阻值，判断内部霍尔元件好坏；通过检测空载电流判断内部电气部件状态。若经初步检测判断怀疑无刷电动机内部故障，再对其进行拆解，对内部转子永磁钢、定子磁铁等机械部件进行检修，或对损坏的霍尔元件进行更换。

 1. 无刷电动机定子绕组的检测方法

一般无刷电动机的连接引线有 8 根，其中电动机的定子绕组有三根线，即黄色、蓝色、绿色三根较粗引线，用于引入三相驱动信号。可通过检测这三根绕组引线两两间的阻值，判断定子绕组有无短路或断路故障。图 7-32 所示为无刷电动机定子绕组检测示意图。

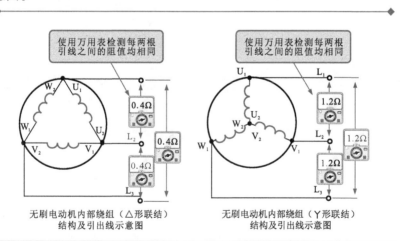

使用万用表检测每两根引线之间的阻值均相同

0.4Ω
0.4Ω
0.4Ω

无刷电动机内部绕组（△形联结）
结构及引出线示意图

使用万用表检测每两根引线之间的阻值均相同

1.2Ω
1.2Ω
1.2Ω

无刷电动机内部绕组（Y形联结）
结构及引出线示意图

图 7-32　无刷电动机定子绕组检测示意图

按图 7-33 所示，对无刷电动机定子绕组进行检测。

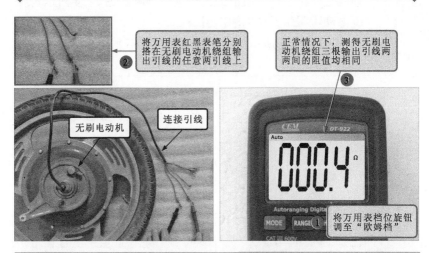

将万用表红黑表笔分别搭在无刷电动机绕组输出引线的任意两引线上

正常情况下，测得无刷电动机绕组三根输出引线两两间的阻值均相同

无刷电动机

连接引线

将万用表档位旋钮调至"欧姆档"

图7-33　无刷电动机定子绕组的检测

 要点说明

　　正常情况下，无刷电动机定子绕组三根引线两两间的阻值应该相同；若测得阻值不一致，则可能定子绕组间存在短路或断路故障。

相关资料

　　根据维修经验，判断无刷电动机绕组时，可在三根相线悬空的情况下，用手空转电动机应无阻力，任意两根相线短路，电动机有明显间断阻力，且阻力一致。

2. 无刷电动机霍尔元件的检测方法

　　对无刷电动机霍尔元件进行检测是维修实践中该类电动机的检修重点。霍尔元件作为电动机的位置传感器直接决定了电动机的运转状态，若霍尔元件损坏，电动机将无法正常工作。

　　霍尔元件的好坏，一般可通过万用表检测霍尔元件信号线与接

扫一扫看视频

地线之间正、反向阻值的方法进行判断。图 7-34 所示为无刷电动机霍尔元件的输出引线。

按图 7-35 所示，对无刷电动机霍尔元件进行检测。

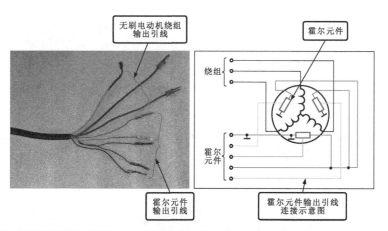

图 7-34   无刷电动机霍尔元件的输出引线

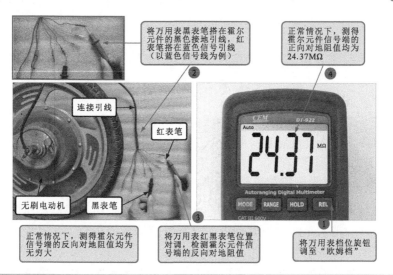

图 7-35   检测无刷电动机霍尔元件

要点说明

正常情况下，无刷电动机中三只霍尔元件的信号端（黄、蓝、绿引线）的正向对地阻值均为 24.37MΩ；反向对地阻值均为无穷大。若实测阻值异常，说明霍尔元件损坏，应拆开无刷电动机对其进行更换。

相关资料

无刷电动机中三只霍尔元件信号端的正向对地阻值应完全相同，任何一个不同，都可能是相对应的霍尔元件异常，应进行更换，且只要更换霍尔元件，不论是否全部损坏，都需要同时更换。

除此之外，还可以采用其他方法判断霍尔元件好坏。

在通电状态下，用万用表电压挡检测霍尔元件各信号线电压，将万用表黑表笔接地，红表笔接霍尔元件信号线，拨动后轮使其旋转时，信号电压应有一定的电压变化，一般为 0 ~ 5V（有些为 0 ~ 6.25V 或 0 ~ 4.5V）之间变换，若电压值保持 0V 或 5V 不变，则可能该信号线对应的霍尔元件已经损坏。

在断电状态下，用万用表二极管档检测霍尔元件黑色线与红、黄、绿、蓝四根线之间有无短路故障。

3. 无刷电动机空载电流的检测方法

无刷电动机的空载电流是指无任何负载状态下允许的工作电流值。通过检测无刷电动机的实际空载电流值与正常值比较，也可以判断无刷电动机的状态。

检测无刷电动机的空载电流，可借助万用表进行检测，即将万用表量程旋钮设置在电流档上，并将其串联在蓄电池供电线路中即可。

按图 7-36 所示，对无刷电动机的空载电流进行检测。

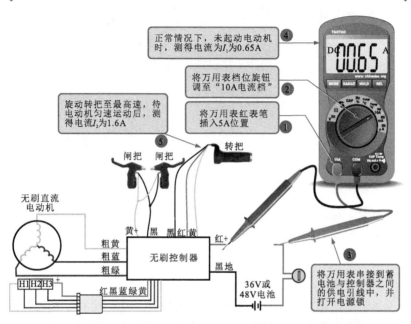

正常情况下，未起动电动机时，测得电流为I_1，为0.65A ④

将万用表档位旋钮调至"10A电流档" ②

旋动转把至最高速，待电动机匀速运动后，测得电流I_2为1.6A

将万用表红表笔插入5A位置 ①

⑤

闸把　闸把　转把

无刷直流电动机

黄+　黑　黑红黄　红+

粗黄

粗蓝

粗绿

无刷控制器

黑地

H1H2H3+

红黑蓝绿黄

③

将万用表串接到蓄电池与控制器之间的供电引线中，并打开电源锁

36V或48V电池

图 7-36　无刷电动机空载电流的检测

要点说明

　　无刷电动机的实际空载电流 I_3 为 I_2 与 I_1 之差，即 $I_3 = I_2 - I_1 = 1.6A - 0.65A = 0.95A$

　　若实测空载电流大于参考最大空载电流值时，表明所测无刷电动机有故障。通常，引起无刷电动机空载电流过大的原因主要有无刷电动机个别线圈短路；磁钢、换向器、电刷磨损严重等，重点检查易发生该故障的部件，更换损坏部件或整个无刷电动机即可排除故障。

相关资料

　　不同机型、不同设计结构的电动机的最大空载电流不同，见表 7-1。根据检测结果与该表格中的参考值比较可知，实测空载电流

大于参考最大空载电流值时，表明电动机有故障。

表7-1　各种电动机的最大空载电流参考表

电动机类型	额定电压为36V	额定电压为48V
有刷低速电动机	0.6A	0.4A
有刷高速电动机	1.0A	0.6A
无刷低速电动机	0.6A	0.4A
无刷高速电动机	1.0A	0.6A

 4. 无刷电动机定子和转子的检修方法

在检修无刷电动机过程中，其内部转子和定子损坏的概率较低，大多时候可能因无刷电动机进水造成定子铁心和转子磁钢锈蚀或脱落，从而造成无刷电动机无法工作的故障，一般需要对定子铁心和转子磁钢进行打磨、润滑或更换等。

按图7-37所示，对无刷电动机定子和转子进行检修。

7.2.3　电动机的代换方法

当电动自行车电动机出现无法修复的故障时，就需要使用同型号或参数相同的电动机进行代换。

通常电动自行和的代换操作主要可分为三步：一是寻找可代替的电动机；二是代换电动机；三是通电试机。

 1. 寻找可代替的电动机

电动机损坏就需要根据损坏电动机的类型、额定电压以及电动自行车后轮体积大小等规格参数选择适合的电动机进行代换。

（1）电动机类型的选择

对电动自行车的电动机进行整体更换时，电动机类型的匹配尤为重要。更换电动自行车中应用的电动机时，应进行区分，即有刷电动机应使用有刷电动机进行代换，无刷电动机应使用无刷电动机进行更换，如图7-38所示。

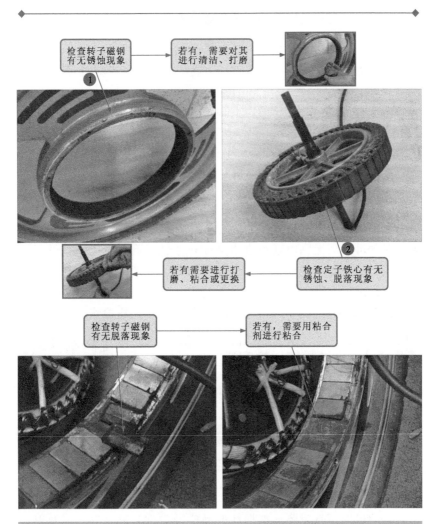

图 7-37　无刷电动机定子和转子的检修

（2）电动机额定电压的选择

由于电动自行车的蓄电池分为 36V 和 48V 两种，因此在代换电动机时，也要区分电动机的额定电压，即额定电压为 36V 的电动机只能使用 36V 的进行代换，额定电压为 48V 的电动机只能使用 48V 的进行代换，如图 7-39 所示。

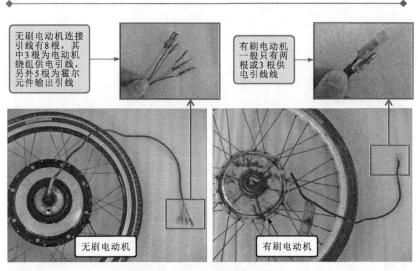

无刷电动机连接引线有8根，其中3根为电动机绕组供电引线，另外5根为霍尔元件输出引线

有刷电动机一般只有两根或3根供电引线线

无刷电动机

有刷电动机

a）通过连接引线区分有刷电动机和无刷电动机

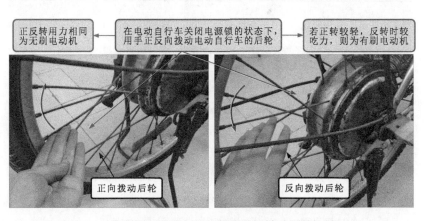

正反转用力相同为无刷电动机

在电动自行车关闭电源锁的状态下，用手正反向拨动电动自行车的后轮

若正转较轻，反转时较吃力，则为有刷电动机

正向拨动后轮

反向拨动后轮

b）通过拨动后轮用力情况区分有刷电动机和无刷电动机

图7-38　电动机类型的选择

采用无刷电动机控制器的电动自行车中使用的电动机为无刷电动机

无刷电动机控制器

采用有刷电动机控制器的电动自行车中使用的电动机为有刷电动机

有刷电动机控制器

c）通过控制器区分有刷电动机和无刷电动机

图 7-38　电动机类型的选择（续）

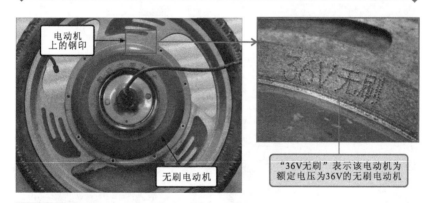

电动机上的钢印

无刷电动机

"36V无刷"表示该电动机为额定电压为36V的无刷电动机

图 7-39　电动机额定电压的选择

要点说明

　　除了根据电动机上的钢印标识区分电动机的额定电压外，也可通过控制器铭牌标识判断损坏电动机的额定电压，然后选择同样额定电压的电动机即可。

（3）电动自行车后轮大小的选择

　　即使电动自行车采用的电动机类型及额定电压均相同，但根据电动自行车品牌型号的不同，在采用后轮的大小上也会存在差异，因此在选配电动机的过程中，后轮大小也是选配的重要依据之一，应选择同样大小的后轮进行代换，如图7-40所示。

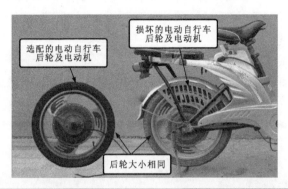

图7-40　电动自行车后轮大小的选择

2. 代换电动机

根据上述选配方法选配完电动机后，即可将新的电动机连同后轮一起安装到损坏的电动自行车上，并将连接线与控制器连接好，如图7-41所示。

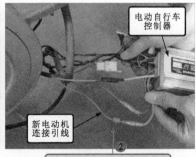

将选配的新电动机及后轮一同安装到损坏电动自行车原后轮安装位置处

将选配的新电动机连接引线与损坏电动自行车控制器的电动机连接线进行连接

图7-41　代换电动机

3. 通电试机

电动机代换完成后，将电动自行车车梯支起，打开电源锁，转动调速转把，电动机转动正常，故障排除，如图 7-42 所示。

打开电源锁

转动转把

电动自行车后轮转动正常，故障排除

图 7-42　通电试机排除故障

第8章
电动自行车蓄电池的检修

8.1　电动自行车蓄电池的结构特点

8.1.1　铅酸蓄电池的结构

　　铅酸蓄电池属于酸性蓄电池，是目前使用量最大的一类蓄电池，目前，电动自行车常用三四组铅酸蓄电池串联成36V或48V两种车用蓄电池，图8-1所示为这两种蓄电池的实物外形。

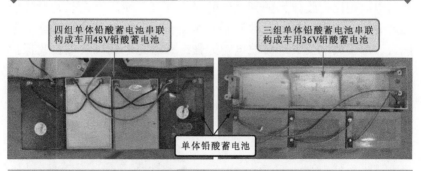

四组单体铅酸蓄电池串联构成车用48V铅酸蓄电池

三组单体铅酸蓄电池串联构成车用36V铅酸蓄电池

单体铅酸蓄电池

图8-1　铅酸蓄电池的实物外形

　　其中，一组单体铅酸蓄电池电压为12V（其内部由6个2V单格电池构成，每个单格电池电压为2V）。铅酸蓄电池的制作工艺成熟，价格低廉，但其缺点是电池容量小，并且体积较大，重量较重，寿命短，容易造成环境污染。

阀控式免维护铅酸蓄电池是目前使用量最多的蓄电池。虽然阀控式免维护铅酸蓄电池普及量很大，但在电动自行车上的使用前景不佳。图8-2所示为阀控式免维护铅酸蓄电池的实物外形。

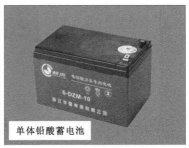

阀控式免维护铅酸蓄电池　　　单体铅酸蓄电池

图8-2　阀控式免维护铅酸蓄电池的实物外形

胶体铅酸蓄电池是对液态电解质的普通铅酸蓄电池的改进，它采用凝胶状电解质，内部无游离的液体存在，容量大，热消散能力强，能避免产生热失控现象，其电解质浓度低且均匀，对极板的腐蚀弱，不存在酸分层的现象。

图8-3所示为胶体铅酸蓄电池的实物外形。与阀控式免维护铅酸蓄电池相比，胶体铅酸蓄电池的可靠性高，使用寿命长，对环境温度的适应能力（高、低温）强，承受长时间放电能力、循环放电能力、深度放电及大电流放电能力强，有过充电或过放电自我保护等优点。

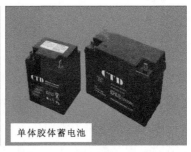

胶体铅酸蓄电池　　　单体胶体蓄电池

图8-3　胶体铅酸蓄电池的实物外形

　　图8-4所示为铅酸蓄电池的整体结构。从图中可以看出，铅酸蓄电池主要是由正极板、负极板、隔板、电解液（稀硫酸）、安全阀、电池外壳和极柱等部分组成的。

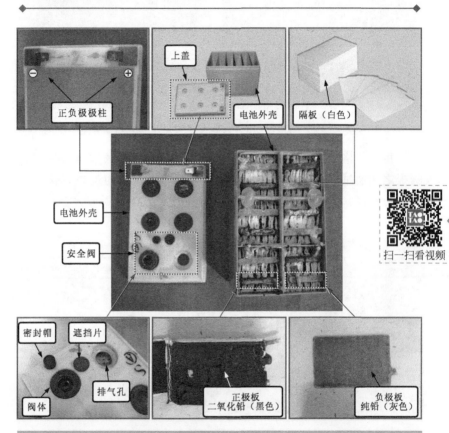

图8-4　铅酸蓄电池的整体结构

1. 极板

　　蓄电池内有多个极板，它们是参与电池内部电化学反应的主要部件，如图8-5所示。电池内部极板可由铅锑合金或铅钙合金制成，可分为正、负极板两类，其中正极板上附着的物质为二氧化铅（黑色），负极板上附着的物质为纯铅（灰色）。

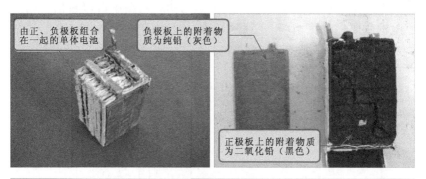

图 8-5　正、负极板的实物外形

每块单格电池中的正极板和负极板分别由跨桥焊焊接在一起，极板之间通过隔板进行隔离，而每块单格电池之间也通过焊接的方式进行连接，连接部位用强力胶水进行固定，如图 8-6 所示。

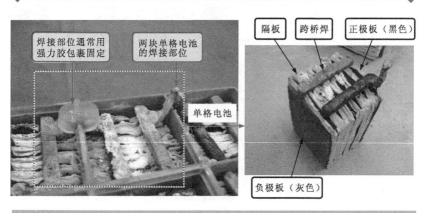

图 8-6　极板的连接方式

 2. 隔板

为防止正、负极板间接触短路，在每两块极板之间需加入隔板。隔板可防止极板弯曲变形和活性物质的脱落，还能阻止正极板上的金属离子向负极板迁移，以减小硫酸盐硫化和大量自由电子的放电，并且极板经长时间使用，也不会出现劣化或释放杂质等现象。

铅酸蓄电池一般都使用胶质隔板或玻璃丝棉隔板，包裹时只将正极板进行包裹。如图8-7所示为隔板的实物外形。

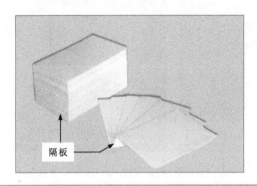

隔板

图8-7　隔板的实物外形

 3. 电解液

铅酸蓄电池的电解液是由蒸馏水和蓄电池专用硫酸按一定比例混合配置而成的。电解液在充、放电过程中，会与正、负极板发生电化学反应，将化学能转换成电能（或将电能转化为化学能），并在电池内部起导电作用。

 4. 安全阀

安全阀是阀控式铅酸蓄电池的重要部件之一，它位于蓄电池的顶部，有帽状、伞状和片状之分。图8-8所示为典型安全阀的实物外形，该安全阀主要由密封帽、遮挡片、阀体等构成。

安全阀的作用是根据电池内部产生气体气压的情况，及时打开或关闭，以避免由于电池内部过压造成电池变形、开裂，或外部空气进入电池内部增加负极的自放电反应。

 5. 外壳

蓄电池的外壳用来盛装电解液和正、负极板（单格电池），它具有耐酸性强、绝缘性好、耐腐蚀、耐高温、机械强度好等特点。

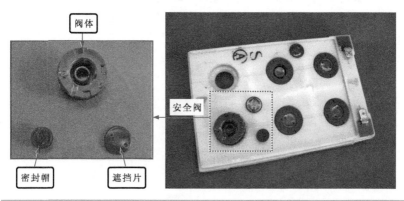

图 8-8　典型安全阀的实物外形

如图 8-9 所示，电动自行车所用的蓄电池外壳通常使用材质强韧的合成树脂并经特殊处理制成，其机械强度特别高，上盖也使用相同材质，外壳和上盖通常使用热熔胶粘连，牢固可靠。

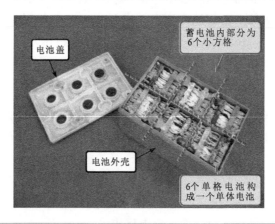

图 8-9　蓄电池外壳的实物外形

 6. 极柱

极柱是蓄电池外部的接线焊片，它用于将正、负极板组与电路导线进行相连，如图 8-10 所示。极柱有正、负极之分，通常正极用

"＋"标识，并使用红色密封树脂对正极进行固定；负极用"－"标识，使用黑色、蓝色或绿色密封树脂对其进行固定。

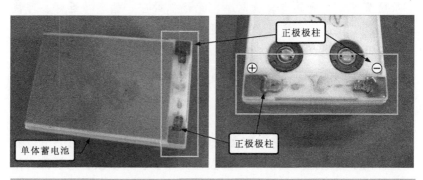

图 8-10　典型极柱的实物外形

8.1.2　锂离子蓄电池的结构

图 8-11 所示为锂离子蓄电池的实物外形。锂离子蓄电池是继镍氢蓄电池之后，出现的又一种新型蓄电池。

图 8-11　锂离子蓄电池的实物外形

锂离子蓄电池中单格电池电压为 3.6V，是其他类蓄电池单格电池的 3 倍，因此锂离子蓄电池的重量、体积要比铅酸蓄电池小很多，这为电动自行车的小型化提供了条件。

　　锂离子蓄电池具有自放电小、无记忆效应、循环特性好、可快速放电、工作温度范围宽、无环境污染等优点，但由于目前其制作成本较高，价格较贵，市场占有率仍较小。

　　通常，锂离子蓄电池有筒形和方形两种，筒形是将正、负极板和隔板、极柱等材料卷曲在一起，插入电池外壳中，并注入少量电解液制成的。

　　如图8-12所示为筒形锂离子蓄电池的结构图。从图中可以看出，锂离子蓄电池主要是由正极板、负极板、隔膜板、电解液、绝缘板等部分构成的。

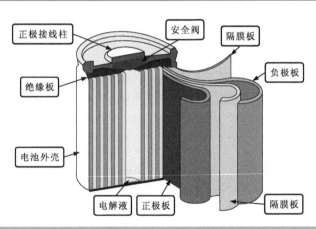

图8-12　筒形锂离子蓄电池的结构图

　　图8-13所示为方形锂离子蓄电池的结构图。方形锂离子蓄电池内部是以层叠的方式将正极板、负极板和隔膜板叠加在一起。锂离子蓄电池的单体电池组比铅酸蓄电池和镍氢蓄电池的体积要小很多，但电池容量是后两者的2~3倍。

 1. 正极板

　　目前，锂离子蓄电池的正极板主要以钴酸锂（$LiCoO_2$）为主要原料，再加入导电剂和树脂黏合剂，涂覆在铝质基板上，呈细薄层分布。

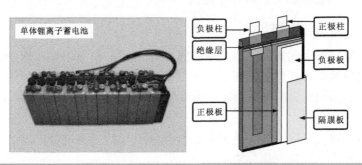

图 8-13　方形锂离子蓄电池的结构图

而新型原料磷酸铁锂（LiFePO4）性能要比钴酸锂好，并且不污染环境，是良好的替代原料。

 2. 负极板

负极板上的活性物质是由碳材料与黏合剂的混合物再加上有机溶剂调和而制成的糊状物，涂覆在铜基板上，呈薄层状分布，如图 8-14 所示。

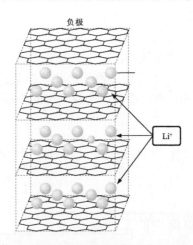

图 8-14　锂离子蓄电池负极板的原子结构图

目前，负极材料主要有石墨类（天然石墨、人造石墨和石墨化碳）和非石墨类（软碳和硬碳）。

 3. 隔膜板

隔膜板可起到关闭或阻断通道的作用，一般使用聚乙烯或聚丙烯材料的微多孔膜板。所谓关闭或阻断功能是指电池出现异常温度上升的情况时，阻塞或阻断作为离子通道的细孔，使蓄电池停止充、放电反应。

隔膜板可以有效防止因外部短路等引起的过大电流充、放电而使电池产生异常发热现象。

 4. 电解液

锂离子蓄电池的电解液是以混合溶剂为主体的有机电解液。电解液对于活性物质具有化学稳定性，可良好适应充、放电反应过程中发生的剧烈氧化还原反应，因此电解液一般会混合不同性质的几种溶剂共同使用。

 5. 安全阀

为了确保锂离子蓄电池的安全性，在其外部电路或蓄电池内部都设有异常电流切断的安全装置。即使这样，在使用过程中也有可能因其他原因引起蓄电池内部压力异常上升。因此，在蓄电池的顶部设有安全阀来释放多余气体，防止蓄电池破裂。

锂离子蓄电池的安全阀是一种一次性非修复式的破裂膜，保护蓄电池使其停止、充放电过程，它是蓄电池的最后保护手段。

8.2 电动自行车蓄电池的工作原理

8.2.1 铅酸蓄电池的工作原理

铅酸蓄电池内部以二氧化铅作为正极，纯铅作为负极，稀硫酸作为电解液，这三种物质共同作用下产生电量。电池在充电时，将电能转化成化学能存在电池内。在使用电池时是放电过程，将化学能转换成电能为电动自行车供电。

 1. 铅酸蓄电池的内部链接方式

铅酸蓄电池内部有多个电池槽，以48V铅酸蓄电池为例，它内部有6个电池槽，每个电池槽电压为6V，电池槽内有两组极板。

如图8-15所示为铅酸蓄电池的内部的连接方式示意图。从图中可以看出，电池槽之间的极板以正、负极串联的方式连接在一起，从而构成48V蓄电池的内部回路。

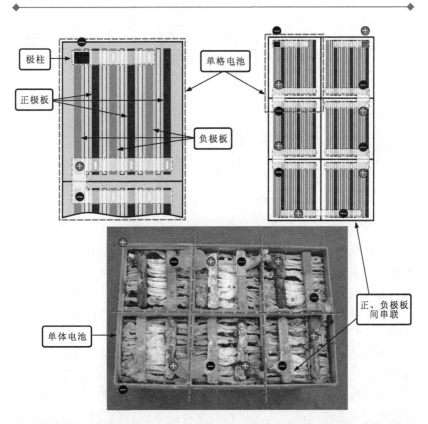

图8-15　铅酸蓄电池的内部连接方式示意图

2. 铅酸蓄电池的放电原理

铅酸蓄电池放电的过程就是化学上所讲的化学能转化为电能的过程，如图 8-16 所示。

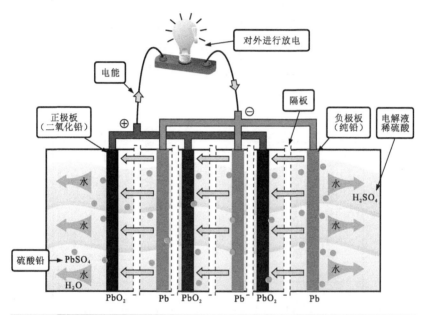

图 8-16　铅酸蓄电池放电原理示意图

当蓄电池外接电路需要蓄电池输出电压时，即进行放电。在电流的作用下，电解液内部处于电离状态，正极板上的二氧化铅与负极板上的纯铅就会与电解液中的硫酸发生化学反应，从而生成硫酸铅、水以及电能，其化学反应方程式为：$PbO_2 + 2H_2SO_4 + Pb = 2PbSO_4 + 2H_2O$。

生成的硫酸铅将分别附着在正、负极板的板面上，而生成的水则重新回到电解液中。随着放电的进行，电解液的浓度逐渐下降，正、负极板上的硫酸铅逐渐积累，当这个过程发展到一定的程度时，放电极化现象越来越重，正极板的电势越来越趋向于负，负极板上的电势越来越趋向于正，电解液中硫酸的密度越来越低，电池的电压低到终止电压时，放电就必须终止。

 要点说明

> 铅酸蓄电池若过度放电，细小的硫酸铅将结成较大的结晶体，增大极板电阻，影响充电时的还原。周而复始，便会影响蓄电池的使用寿命。

3. 铅酸蓄电池的充电原理

铅酸蓄电池充电的过程正好与放电过程相反，也就是将电能转化为化学能的过程，如图 8-17 所示。

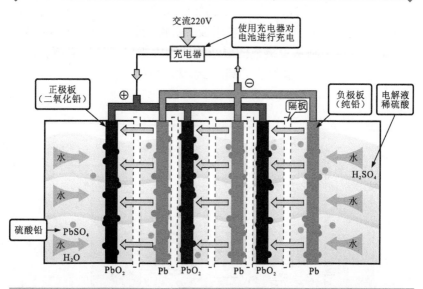

图 8-17　铅酸蓄电池充电原理示意图

当外部供给电压时，附着在正、负极板上的硫酸铅逐步溶解，其与电解液中的水相互作用，使电解液中硫酸浓度不断提高。当这个过程进行到一定程度，充电极化现象越来越重，正、负极板先后分别析出氧和氢，在充电电流的作用下越来越多地产生水解，电解液中硫酸密度越来越高，正极板电势趋向极正，负极板电势趋向极负，电池电压不断升高，最终恢复到充满电的状态。

铅酸蓄电池充电到最后阶段时，充电电流几乎都用在水的电解上，产生氢和氧，电解液也会随之减少一小部分。长时间使用的蓄电池，其内部电解液会减少很多。对于长时间使用的蓄电池，添加适量的蒸馏水即可解决蓄电池电量下降的问题。

8.2.2　锂离子蓄电池的工作原理

图 8-18 所示为锂离子蓄电池的放电原理示意图。锂离子蓄电池的正极通常是由锂的活性化合物组成，负极则是特殊分子结构的碳。放电时，锂离子则从负极板的层结构的碳中析出，经过隔膜板，重新与正极板上的化合物结合，锂离子的移动便产生了电流。

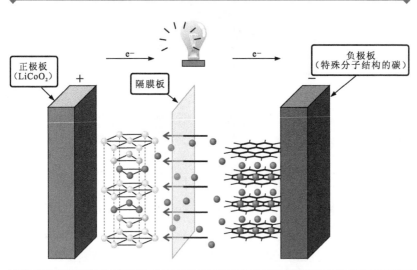

图 8-18　锂离子蓄电池的放电原理示意图

图 8-19 所示为锂离子蓄电池的充电原理示意图。充电时，锂离子移动方向正好相反，加在电池两极的电势迫使正极的化合物释放

出锂离子，锂离子经过隔膜板后，嵌入负极分子排列呈片层结构的碳中。待负极存储了足够多的锂离子时，充电便结束。

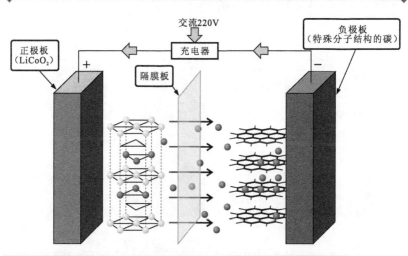

图 8-19　锂离子蓄电池的充电原理示意图

8.3　电动自行车蓄电池的故障检修

8.3.1　蓄电池电压的检测方法

蓄电池的性能状态主要体现在容量和电压上，因此可先用万用表测量蓄电池总电压、单体蓄电池电压空载电压、负载电压以及内部单格电池电压，然后根据电压高低来快速判断电池性能的好坏。

 1. 检测蓄电池总电压

检测电动自行车蓄电池电压时，一般先对蓄电池的总电压进行检测，即用万用表检测蓄电池输出端子上的电压值。

蓄电池总电压的检测方法如图 8-20 所示。将数字万用表量程调至直流电压档,黑表笔搭在电池盒电源接口的负极上,红表笔搭在正极上。

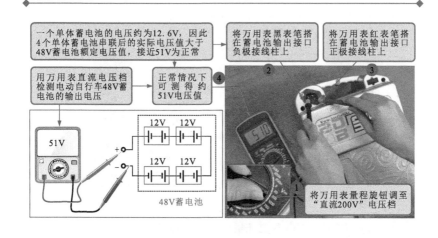

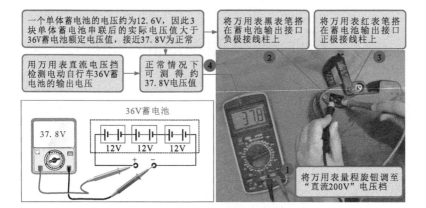

图 8-20　蓄电池总电压的检测方法

要点说明

　　正常空载情况下,36V 蓄电池电压应在 36～40.5V 之间(实测

180

为 37.8V）；48V 蓄电池电压应在 48～54V 之间（实测电压为 51V）。

用万用表直接检测蓄电池空载电压只能粗略据判断蓄电池总电压是偏低还是偏高，不能直接说明电量的高低和蓄电池的好坏。一般来说，若蓄电池电压明显偏高或偏低，说明内部单体蓄电池可能有一个或多个异常。

2. 检测单体蓄电池电压

将蓄电池盒打开，通过对单体蓄电池电压的检测，并找出不良的单体蓄电池，也可用万用表进行直接测量。

单体蓄电池电压的检测方法如图 8-21 所示。正常情况下，几个蓄电池的电压应保持一致，其电压值应在 10.5～13.5V 之间。如果测得电压值低于 10.5V，说明这块电池存在短路的可能；如果电压超过 13.5V，说明电池失水比较严重，可能还有硫化发生。

要点说明

值得注意的是，利用万用表测蓄电池空载电压的方法一般只能简单进行初步判断电池的好坏，而且在检测蓄电池总电压时，不要在刚刚充满电时进行检测，刚充满电的蓄电池电压一般会偏高一些。

根据维修经验，若电动自行车的蓄电池使用一会儿后或充好电后静置过数小时，测量其总电压为 48V 或稍高（对于 48V 蓄电池来说），一般可表明电池正常。

若只能达到 46V 或以下，则表示可能其内部有一个电池不良，此时，逐个检测单体蓄电池的电压，电压过低的单体蓄电池为损坏的电池。

另外，还可通过对蓄电池的充电时间来初步判断电池的好坏：若在蓄电池中，有一个单体蓄电池不良（4 个单体蓄电池中仅一个为 10V，一般低于 10.8V 或无电压即为损坏），其总电压能达到 46V 时，充电器一般仍然能显示充满而显示绿灯，只是充电时间需要延长 0.5～1h（有轻度过充电的危害）；当有两个以上单体蓄电池不良时，用充电器给低于 46V 的电池充电，一般充电池不能显示充满状态，且一直不能由红色灯转为绿色灯。

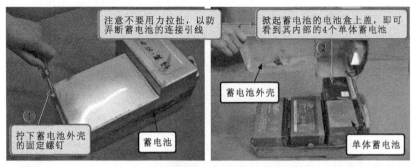

注意不要用力拉扯，以防弄断蓄电池的连接引线

掀起蓄电池的电池盒上盖，即可看到其内部的4个单体蓄电池

蓄电池外壳

拧下蓄电池外壳的固定螺钉

蓄电池

单体蓄电池

单体蓄电池

将单体蓄电池从电池盒中取下以便于测量

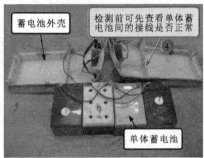

蓄电池外壳

检测前可先查看单体蓄电池间的接线是否正常

单体蓄电池

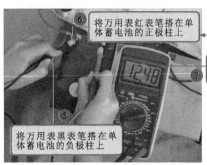

将万用表红表笔搭在单体蓄电池的正极柱上

将万用表黑表笔搭在单体蓄电池的负极柱上

一个单体蓄电池内由6个单格电池构成，每格电池电压为2.1V，6个单格电池串联后构成的单格电池电压接近12.6V为正常

正常情况下可测得约12.48V电压值

检测蓄电池内单体蓄电池的电压

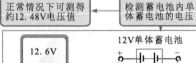

12.6V

12V单体蓄电池

12V

图 8-21　单体蓄电池电压的检测方法

扫一扫看视频

3. 检测单体蓄电池的负载电压

在万用表直接检测空载蓄电池时实际测得电压值为其虚电压，若要准确检测蓄电池的好坏，应检查带有负载情

况下的电压。因此，测量蓄电池电压通常还有一种简便和快捷的方法，即利用蓄电池检测仪进行检测。

单体蓄电池负载电压的检测方法如图 8-22 所示。

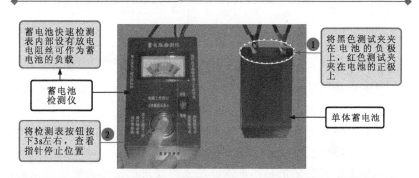

蓄电池快速检测表内部设有放电电阻丝可作为蓄电池的负载

蓄电池检测仪

将检测表按钮按下3s左右，查看指针停止位置

将黑色测试夹夹在电池的负极上，红色测试夹夹在电池的正极上

单体蓄电池

图 8-22　单体蓄电池的负载电压的检测方法

要点说明

根据蓄电池检测仪可直观地判断出蓄电池的电量，如图 8-23 所示。

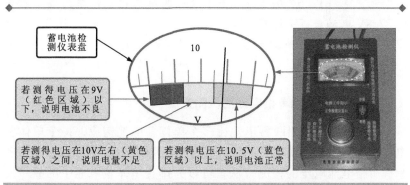

蓄电池检测仪表盘

若测得电压在9V（红色区域）以下，说明电池不良

若测得电压在10V左右（黄色区域）之间，说明电量不足

若测得电压在10.5V（蓝色区域）以上，说明电池正常

图 8-23　蓄电池检测仪指针指示情况

若测量单体 12V 蓄电池，带有负载时电压应在 10.5V 以上，即蓄电池检测仪表盘上的蓝色区域内时，说明蓄电池电量正常；

若测得电压在 10V 左右的黄色区域时，说明蓄电池电量不足，应进行充电；若测得电压在 9V 以下的红色区域时，表明蓄电池电量亏损严重，此时多为蓄电池内部电解液干涸或极板硫化，应对蓄电池进行修复。

相关资料

蓄电池的电压值是其重要的性能参数，通常标识在蓄电池的外壳上。

标称电压值是指蓄电池正负极之间的电势差，该值由蓄电池内部极板材料的电极电位和内部电解液的浓度决定。当环境温度、使用时间和工作状态变化时，单体蓄电池的输出电压略有变化。此外，蓄电池的输出电压与蓄电池的剩余电量也有一定关系。

通常，单格铅酸电池的标称电压值约为 2.1V；单体镍镉电池的标称电压约为 1.3V；单体镍氢电池的标称电压为 1.2V；单体锂离子蓄电池的标称电压为 3.6V。

那么，如果将 6 个单格铅酸蓄电池串联后组合成一个单体铅酸蓄电池就得到 12.6V 的电压，3 个这样的单体蓄电池便构成了常见的 37.8V 电动自行车用蓄电池（即常见的 36V 蓄电池）；同样，4 个 12.6V 的单体蓄电池便构成了一个 50.4V 的电动自行车用蓄电池（即常见的 48V 蓄电池）

 4. 蓄电池单格电池的检测方法

电动自行车的铅酸蓄电池由多个单体蓄电池构成，每个单体蓄电池由 6 格电池串联构成，每格单电池正常时的电压为 2V。了解和掌握单格电池电压的检测方法，可以为排查单体蓄电池中的故障单格电池，以及为后面的修复做好准备。

铅酸蓄电池中单格电池通常采用外延法进行检测，即在单体蓄电池内两个单格电池的跨桥焊接位置拧入自攻螺钉，以此引出极柱电流，然后外接上灯泡或电压表进行检测，其检测原理如图 8-24 所示。

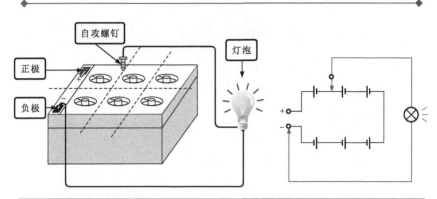

图 8-24 单格电池电压的检测方法示意图

实际检测时，通常先以 3 格为一组进行检测，即首先在电池 6 格中间的跨桥焊接位置拧入自攻螺钉，分别判断靠近负极的 3 格电压和靠近正极的 3 格是否正常，缩小故障范围后，再对有异常的一组进行检测，直到检测出故障的某一个单格。

蓄电池单格电池电压的检测方法如图 8-25 所示。

> **要点说明**
>
> 检修蓄电池时，常会遇到"蓄电池短路"这一故障。蓄电池短路的故障是指单格电池内出现短路。无论一只蓄电池在充足电还是亏电状态，一旦端电压数值比正常数值小 2V 左右时，即可确认有单格电池出现短路故障。由于蓄电池的总电压下降 2V，还会造成充电时充电阶段不转换，进而导致其他正常的蓄电池因过充而损坏。

8.3.2 蓄电池容量的检测方法

蓄电池的容量是反映电池的实际放电能力的关键参数，通过对蓄电池容量的检测也可准确判断出电池的性能，一般检测电池容量需要专业的电池容量检测仪来进行。

对蓄电池容量进行检测需要借助专用的蓄电池容量检测仪进行。蓄电池容量的检测方法如图 8-26 所示。

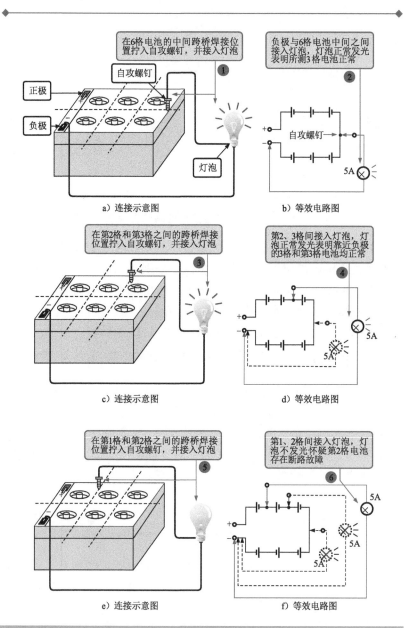

图 8-25　蓄电池单格电池电压的检测方法

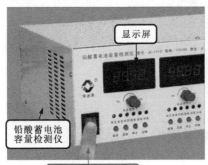

显示屏

铅酸蓄电池容量检测仪

① 接通电源，按下测试仪的电源开关

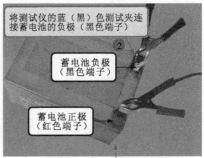

将测试仪的蓝（黑）色测试夹连接蓄电池的负极（黑色端子）

② 蓄电池负极（黑色端子）

蓄电池正极（红色端子）

③ 将测试仪的红色测试夹连接蓄电池的正极（红色端子）

放电开始按钮

④ 转动放电波段调节开关，选择放电电流为5A（蓄电池标称容量为10Ah），按下放电按钮开始放电

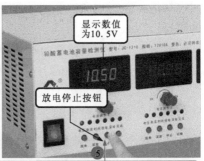

显示数值为10.5V

放电停止按钮

⑤ 当测试仪显示屏显示电池放电电压到10.5V时，停止放电，按下停止按钮，记录放电时间，根据公式计算蓄电池实际容量，并与标称容量相比较，从而判断电池性能

图 8-26　蓄电池容量的检测方法

要点说明

蓄电池容量计算公式：蓄电池容量＝放电时间×放电电流

实际测量时，放电电流为5A，记录放电时间为2h，根据公式计算，其蓄电池的容量为：蓄电池容量＝5A×2h＝10Ah（工作电流为5A的情况下，可使用2h）。与标称电池容量10Ah相同，表

明该电池容量正常，电池本身性能良好。

　　若在实际测量时，放电时间为1.2h，那么该蓄电池当前实际容量为：蓄电池实际容量 = 5A × 1.2h = 6Ah。实测蓄电池容量为标称容量的60%（60%以下需进行修复）时，表示电池性能不良，需要立即维护和修复。

8.3.3　蓄电池安全阀和电解液的检查方法

 1. 蓄电池安全阀的检查方法

　　对于铅酸蓄电池安全阀的检测，需要将电池的盖板打开，首先通过外观进行观测，查看是否有漏液情况。如果安全阀损坏，将造成电解液外溢等现象。另外，还可通过打开时的声音来判断安全阀的质量。

　　蓄电池安全阀的检查方法如图8-27所示。通常，正常的安全阀在用一字槽螺丝刀打开时，会听见空气进入的"吱"声，且其外围应干净整洁，取下和盖上安全阀时应能感到一定的弹性。若安全阀开启时无声音、弹性下降、老化，则应及时进行更换。

 2. 蓄电池电解液的检查方法

　　对铅酸蓄电池电解液的检测通常是对电解液的干湿程度（是否缺水）、是否变质等方面进行检测。由于在正常情况下，铅酸蓄电池内部的电解液全部吸附在电池的隔膜中，没有游离的电解液，因此，很难通过直接观察来判断电解液当前状态。

　　然而，由于蓄电池中电解液的状态，直接体现在电池容量上，从而在大多数情况下可根据蓄电池的性能来判断电解液状态。电解液的损耗意味着电池电量和性能的降低，明显的特征表现为一次充电后，续驶里程明显缩短。另外，若充电过程中充电器指示灯不转换、充电发热异常，也表明蓄电池电解液已失水严重。

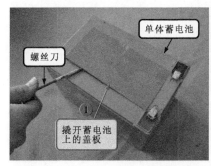

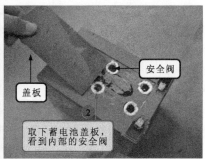

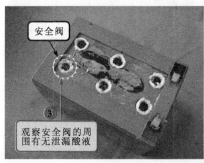

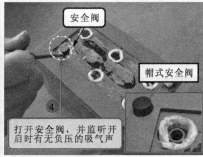

图 8-27　蓄电池安全阀的检查方法

要点说明

　　在日常使用过程中电池经常出现过充电、欠充电、过放电、使用环境温度过高等现象，这些不规范的操作通常是导致蓄电池内部电解液缺水、干涸，引起电池失效的重要原因。特别是长期对电池进行过充电，致使电解液中的大量水分电解，产生气体，并散失掉。大量缺水后使蓄电池的化学反应无法进行，从而产生电池硫化现象，将大大降低电池的使用寿命和效率。

8.3.4　铅酸蓄电池的修复

　　电动自行车铅酸蓄电池在使用过程中，会出现各种各样的故障，而不同的故障所对应的损伤原因和程度也不相同，采用的修复方法也不同，甚至有些故障进行简单操作便可修复使用，如更换某一块单体电池、补水修复、补充电解液等，而有些故障则需要专业的修复仪器进行修复，如蓄电池硫化的修复等，但也有些故障将导致蓄电池完全失效。

 1. 蓄电池的重组修复

在电动自行车日常使用的过程中，蓄电池使用时间明显缩短是最常见的一种故障。其主要原因大都是内部几个单体蓄电池不平衡，单体蓄电池不均衡是指几块单体蓄电池间存在电压差，导致充电或放电过程中，有的单体蓄电池已充电或放电完全，但另外的一个或两个单体蓄电池仍处于未充电或放电完全的状态，从而引起"落后"的单体蓄电池过早失效，严重时影响整个蓄电池的使用寿命。

也就是说，如果是48V的蓄电池，其内部四块单体蓄电池中有一块损坏了，其他三块是完好的，但是在实际使用过程中三块完好的单体蓄电池也存在放电时间过短的问题，也就是说存在硫化现象。如果更换全部单体蓄电池，将造成不必要的损失和浪费。此时，可只对其中某一块单体蓄电池进行更换，对另外三块好的电池进行修复，进行再利用，即通过更换某一个单体蓄电池实现重组修复。

在对蓄电池中的单体蓄电池进行更换前，需要首先了解单体蓄电池间的连接方式，如图8-28所示。正常情况下，蓄电池中的单体蓄电池均采用串联的方式进行连接，更换时，需要注意接线的正确性。

首先通过检测找出损坏的单体蓄电池，将它与其他单体蓄电池连接引线焊开，然后用一块良好的单体蓄电池进行更换，按照原焊接方式将连接导线焊接到新的单体蓄电池上即可。

蓄电池的重组修复（单体蓄电池的代换）方法如图8-29所示。

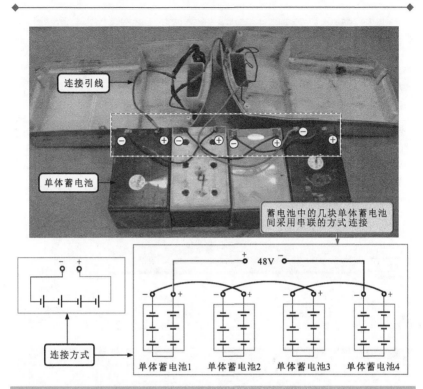

图 8-28　蓄电池中的单体蓄电池的连接方式

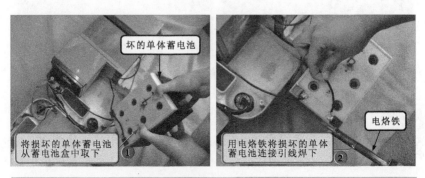

图 8-29　蓄电池的重组修复（单体蓄电池的代换）方法

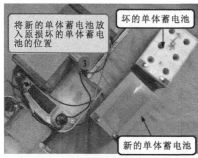

将新的单体蓄电池放入原损坏的单体蓄电池的位置

坏的单体蓄电池

新的单体蓄电池

电烙铁

将新的单体蓄电池按照串联的方式与其他电池进行连接

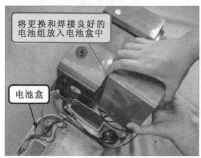

将更换和焊接良好的电池组放入电池盒中

电池盒

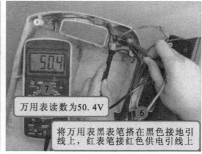

50.4

万用表读数为50.4V

将万用表黑表笔搭在黑色接地引线上，红表笔接红色供电引线上

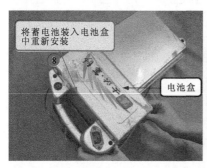

将蓄电池装入电池盒中重新安装

电池盒

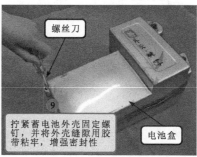

螺丝刀

拧紧蓄电池外壳固定螺钉，并将外壳缝隙用胶带粘牢，增强密封性

电池盒

图8-29　蓄电池的重组修复（单体蓄电池的代换）方法（续）

 ## 2. 蓄电池的放电修复

在上述的蓄电池内部几块单体蓄电池不均衡故障中，也可以采用蓄电池放电检测仪进行放电修复。蓄电池的放电修复方法如图8-30所示。

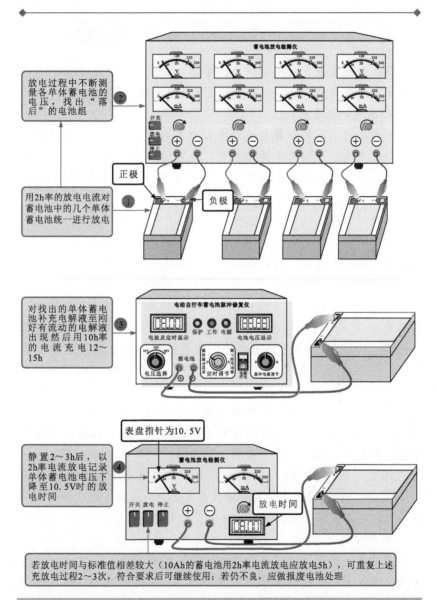

放电过程中不断测量各单体蓄电池的电压，找出"落后"的电池组

用2h率的放电电流对蓄电池中的几个单体蓄电池统一进行放电

正极

负极

对找出的单体蓄电池补充电解液至刚好有流动的电解液出现然后用10h率的电流充电12～15h

表盘指针为10.5V

静置2～3h后，以2h率电流放电记录单体蓄电池电压下降至10.5V时的放电时间

放电时间

若放电时间与标准值相差较大（10Ah的蓄电池用2h率电流放电应放电5h），可重复上述充放电过程2～3次，符合要求后可继续使用；若仍不良，应做报废电池处理

图8-30　蓄电池的放电修复方法

在对蓄电池进行放电操作中，蓄电池的放电终止电压 10.5V 也是蓄电池的重要参数，与之对应的还有充电终止电压。

● 放电终止电压

放电终止电压是指蓄电池放电时允许的最低电压。如果电压低于放电终止电压后蓄电池继续放电，电池两端电压会迅速下降，形成深度放电，这样，极板上的生成物在正常充电时就不易再恢复，从而影响电池的寿命。放电终止电压和放电率有关。

放电时的电压与放电电流和蓄电池的内阻有关。放电电流越大，电压下降越大。放电电流的多少规定了相应的停止放电电压，应尽量避免放电电压过低，损害蓄电池。

不同类型的蓄电池放电终止电压也不相同，上述的铅酸单体蓄电池放电终止电压为 1.75V；镍镉单体蓄电池放电终止电压根据放电速率不同，一般在 0.9 ~ 1.1V 范围内；镍氢蓄单体电池放电终止电压为 1V；锂离子单体蓄电池的放电终止电压为 2.75 ~ 3V，了解这些参数信息对安全使用和有效维护以及检修蓄电池时都十分必要。

应用到电动自行车的蓄电池为单体蓄电池的串联组合，其放电终止电压则由于串联单体蓄电池的不同而有所不同，常见的 36V 蓄电池内部为 3 个 12V 的单体蓄电池的组合，一个 12V 单体蓄电池的放电终止电压为 10.5V，那么整个 36V 蓄电池的放电终止电压为 31.5V。在检测和修复中，应根据其放电终止电压值进行，否则可能由于过放电导致蓄电池损坏无法修复。

● 充电终止电压

充电终止电压是指蓄电池充电时允许的最高电压。蓄电池充足电时，极板上的活性物质已达到饱和状态，再继续充电，蓄电池的电压也不会上升，此时的电压称为充电终止电压。

铅酸单体蓄电池充电终止电压为 2.45V；镍镉单体蓄电池充电终止电压一般为 1.4 ~ 1.55V；镍氢蓄单体电池充电终止电压为

1.5V；锂离子单体蓄电池的充电终止电压为4.2V，了解这些参数信息对安全使用和有效维护以及检修蓄电池时十分必要。

此外，放电循环寿命也通常作为衡量蓄电池性能好坏的重要参数。放电循环寿命是指蓄电池进行充电、放电到蓄电池容量减小到额定容量70%时的循环次数。循环寿命越多，则电池寿命越长。一般电动自行车的循环寿命应不少于350次，根据骑行时间、里程等计算，电动自行车的蓄电池可使用1~2年。

铅酸蓄电池、镍镉蓄电池、镍氢蓄电池和锂离子蓄电池各种参数的比较见表8-1。

表8-1　铅酸蓄电池、镍镉蓄电池、镍氢蓄电池和锂离子蓄电池中单体电池的参数比较

	铅酸蓄电池	镍镉蓄电池	镍氢蓄电池	锂离子蓄电池
额定电压	2V	1.2V	1.2V	3.6V
放电终止电压	1.75V	0.9~1.1V	1V	2.75~3V
充电终止电压	2.45V	1.4~1.55V	1.5V	4.2V
使用寿命	200~300次	500次	1000次	500次
放电温度	0~45℃	-20~60℃	-10~45℃	-20~60℃
充电温度	0~45℃	0~45℃	10~45℃	0~45℃
其他	一般电动自行车用蓄电池（它将6个2V串联成12V的单体蓄电池，再将3个或4个单体蓄电池串联成36V和48V常用蓄电池）	耐过充能力较强	目前最高容量是2100mAh左右	重量比镍氢电池轻30%~40%，容量高出镍氢电池60%以上。但是不耐过充，如果过充会造成温度过高而破坏结构，进而引起爆炸

 3. 蓄电池的补水（或电解液）修复

蓄电池缺水是对电池进行修复操作中，最常见到的一种故障，该类故障多由于日常使用不当引起，如过充电、欠充电和过放电等造成的，其修复操作一般也比较简单，通常打开蓄电池盖板和安全阀，向排气孔中注入蒸馏水或电解液即可。

在对蓄电池的补水（或电解液）修复前，要准备好修复蓄电池中将要用到的螺丝刀、蒸馏水、注射器、粘合剂（胶水/胶）、胶皮手套等工具和材料，如图 8-31 所示。

扫一扫看视频

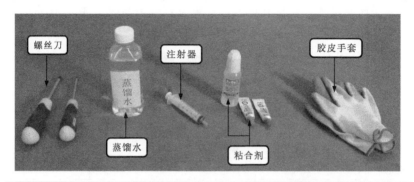

图 8-31　准备好修复所用的各种工具和材料

准备好补水工具后便可开始操作了。蓄电池的补水操作如图 8-32 所示。

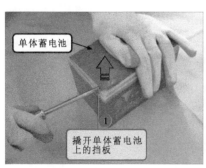
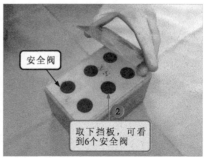

图 8-32　蓄电池的补水操作

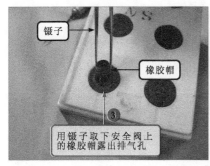

镊子

橡胶帽

③

用镊子取下安全阀上的橡胶帽露出排气孔

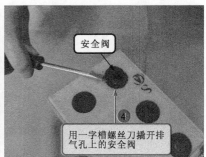

安全阀

④

用一字槽螺丝刀撬开排气孔上的安全阀

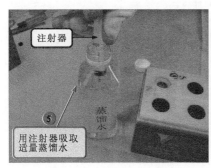

注射器

⑤

用注射器吸取适量蒸馏水

蒸馏水

⑥

用注射器向排气孔中注入蒸馏水

蒸馏水

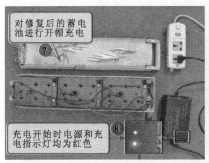

对修复后的蓄电池进行开帽充电

⑦

充电开始时电源和充电指示灯均为红色

⑧

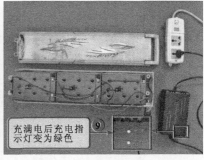

充满电后充电指示灯变为绿色

⑨

图 8-32   蓄电池的补水操作（续）

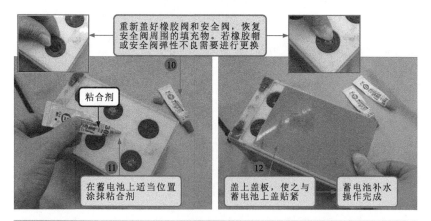

重新盖好橡胶阀和安全阀，恢复安全阀周围的填充物。若橡胶帽或安全阀弹性不良需要进行更换

10

粘合剂

11　在蓄电池上适当位置涂抹粘合剂

12　盖上盖板，使之与蓄电池上盖贴紧　蓄电池补水操作完成

图 8-32　蓄电池的补水操作（续）

要点说明

　　在上述操作中，值得注意的是，使用一次性注射器补充电解液时，一定要去掉金属针头；补水操作中严禁用普通饮用水代替蒸馏水。

　　另外，对蓄电池进行补水后，第一次充电先不要盖上橡胶帽，充满电后，最好再浮充 2h 左右。充满电后，查看排气孔中的白色纤维，以看不到流动的水为准，如果太干，则需要再补充一些蒸馏水，如果有流动的水，则应继续开帽充电，使水蒸发掉，或用注射器吸走多余的水分。

　　若经修复后的蓄电池仍未能达到增加容量的目的，则可能是蓄电池正极板硫化严重，该类电池基本上无法修复，应作报废处理；若对修复的电池充电 30min 后，测试单组蓄电池电压仍低于 12V 的，多为蓄电池内部短路，该类电池也基本上无法修复，应作报废处理。

4. 蓄电池的硫化修复

　　蓄电池的硫化是指在蓄电池的极板上生成白色坚硬的硫酸铅结晶，正常充电时，不能完全使其转化为铅和二氧化铅，这种现象即为硫酸铅盐化，简称"硫化"。

实际测试数据表明，对于蓄电池进行补水修复后容量没有达到60%的电池，可进行硫化修复处理。修复后约有2/3的电池可以修复达到60%以上的容量，甚至还有部分电池的容量可以达到原容量的80%及以上。

相关资料

生成硫酸铅的原因大多是由蓄电池过放电或放电后长期放置时硫酸铅微粒在电解液中溶解呈饱和状态，这些硫酸铅在温度低时重新结晶并析出。析出的结晶因一次次的温度变动而使聚集的结晶粒增大，这种硫酸铅结晶的导电性不良、电阻大，溶解度和溶解速度小，充电时不易还原，使极板中参加电化学反应的活性物质减少，从而导致蓄电池的容量大大降低和寿命缩短。

对蓄电池硫化现象的修复有多种方法，较常用的有水处理法和脉冲修复法。

（1）水处理法

采用水处理法进行蓄电池硫化处理，一般适用于硫化不太严重的情况，可按下面的步骤进行。

1）首先向蓄电池中加入蒸馏水，用以稀释电池中的电解液，用于提高硫酸铅的溶解度。

2）然后对蓄电池进行充电，一般10Ah的蓄电池可用0.5A的电流充电20h以上（20小时率），使结晶的硫酸铅溶解、缩小，直到正、负极板开始出现大量气泡（或监测蓄电池电压端电压2h以上），电解液密度不再升高为止（充电过程中应注意防止环境温度过高，可对蓄电池进行降温处理，如将蓄电池下部分浸在凉水中）。

3）接着用10h放电率进行放电，直到单格蓄电池电压均降至1.8V为止。

4）放电后再充电，可重复2~3次，使单体蓄电池中单格电池的电解液密度均匀，并在稳定状态时使其密度达到标准电解液密度的1.3倍左右。

5）用注射器或吸管将多余的电解液吸出。

6）测试蓄电池的容量，如果能达到标称容量的80%以上，则说明蓄电池修复成功。

要点说明

测量电解液的密度，一般使用吸取式密度计，经电解液从排气孔中缓缓吸入外筒，从浮标的刻度即可测知密度。

（2）脉冲修复法（专业仪器修复）

使用脉冲修复方法对蓄电池进行修复操作，通常需要使用专业的蓄电池脉冲修复仪。该仪器是可以输出脉冲充电电流，对蓄电池进行反复充电从而实现对蓄电池的修复。蓄电池的脉冲充放电修复过程相对比较复杂，需要与蓄电池容量检测仪、蓄电池放电检测仪等配合使用，一般可分为以下几个步骤进行。

1）对蓄电池进行充电。如图8-33所示，对蓄电池进行脉冲修复时，首先对待修复的蓄电池进行充电，充电完成后静置30min。

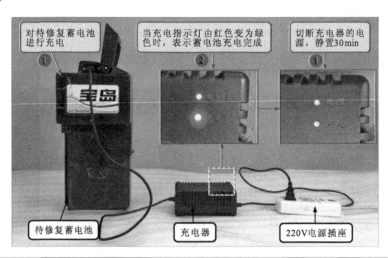

图8-33　对蓄电池进行充电及静置操作

2）检测蓄电池容量。在修复前，还需要对待修复的蓄电池进行容量测试，作为蓄电池修复前后的对比。

待修复蓄电池容量的检测方法如图 8-34 所示。

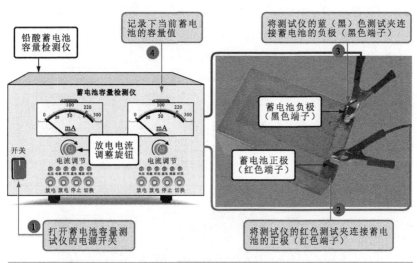

图 8-34　待修复蓄电池容量的检测方法

3）对待修复的蓄电池进行放电操作。如图 8-35 所示，使用专用的蓄电池放电检测仪执行放电操作。

4）对蓄电池进行补充电解液操作。对放电完成的蓄电池进行补充电解液操作，即打开蓄电池盖板，从排气阀的排气孔中冲入电解液。电解液的加注，使液面刚好超过极板 1mm 左右的高度即可。静态搁置一天后，再续添电解液至这个高度，此时可以用肉眼观察到排气孔内有流动的电解液。

5）对充注完电解液的蓄电池进行彻底的放电操作。借助蓄电池放电检测仪对充注完电解液的电池再次进行彻底的放电操作。将蓄电池放电检测仪的放电电流调节旋钮调至 5A，待蓄电池电压降至 0V 时，按下停止键，完成彻底放电操作。

对充注完电解液的蓄电池进行彻底的放电操作如图 8-36 所示。

6）进行脉冲修复。放电结束后，将蓄电池与蓄电池脉冲修复仪的修复端子进行连接，执行脉冲修复操作。蓄电池的脉冲修复操作如图 8-37 所示。

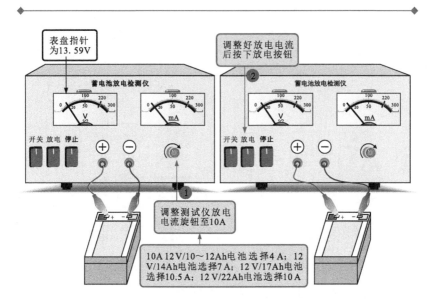

表盘指针为13.59V

调整好放电电流后按下放电按钮

调整测试仪放电电流旋钮至10A

10A 12V/10～12Ah电池选择4A；12V/14Ah电池选择7A；12V/17Ah电池选择10.5A；12V/22Ah电池选择10A

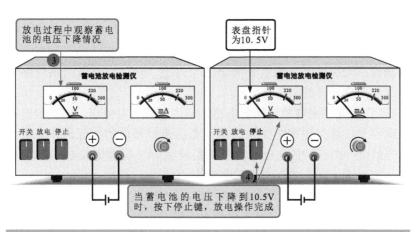

放电过程中观察蓄电池的电压下降情况

表盘指针为10.5V

当蓄电池的电压下降到10.5V时，按下停止键，放电操作完成

图8-35　对待修复蓄电池进行放电操作

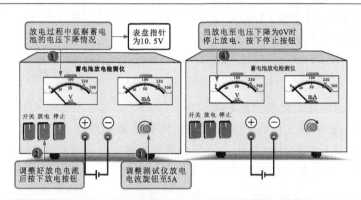

图 8-36　充注完电解液的蓄电池的彻底放电操作

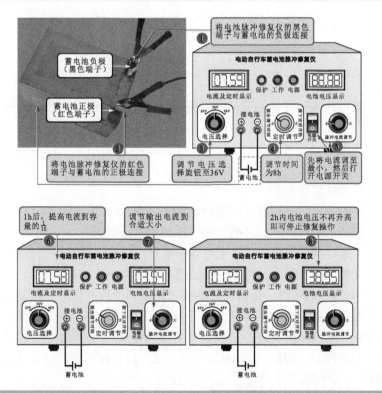

图 8-37　蓄电池的脉冲修复操作

修复时间应在 8～12h，在修复的过程中，排气孔中的电解液应有流动的现象。

相关资料

脉冲修复仪使用注意事项如下：

1）由于修复仪的功率较大，因此电能表必须为 5～10A。进户线线径必须为 2.5mm 以上，否则会烧坏电能表，引起电线发热。

2）电池在进行修复前，一定要先检查电池是否断路或短路（可用万用表及电池检测仪检测），如电池电解液过少应根据情况补充蒸馏水。

3）修复时一般要充注 2 杯左右的电解液，电流开始时不要太大，以电池容量的 $\frac{1}{20}$～$\frac{1}{15}$ 为准，1h 后加大电流到 $\frac{1}{10}$ 以上即可。

4）修复前还要添加蓄电池专用修复液，用量一定要按要求加入，不能过量，否则可能会有不利影响。

蓄电池进行脉冲修复后，可重新使用放电检测仪对其进行放电操作。当对 10A 电池进行放电操作时，将放电电流旋钮调至 5A，待电池降至 10.5V 时，放电时间达到 100min，可表明该电池的脉冲修复操作达到标准。对于未达标的电池，则需要重新充电后，再进行一次脉冲修复操作。

接着，可继续对修复后蓄电池的电压和容量等性能指标进行检测对比。正常情况下，其电压值应超出其额定电压值。

上述检测均正常后，将电池静置晾干。观察排气孔中的电解液，如仍过多可用吸管（注射器）吸出多余的电解液。

7）重装蓄电池。将修复好的蓄电池需要进行重装，即恢复重新盖好橡胶帽和安全阀，并恢复安全阀周围的填充物，若橡胶帽或安全阀弹性不良，需要进行更换；最后在蓄电池上适当位置涂抹黏合剂（ABS 胶），涂抹完黏合剂后，盖上蓄电池盖板，使其与蓄电池下部黏合，完成修复。

🎯 **要点说明**

　　由于过充电、过放电和欠充电而产生硫化的蓄电池，以上方法的修复效果是非常明显的。但是并不是所有蓄电池都可以进行修复操作的，对于极板活性物质脱落、短路、断格的蓄电池是不能修复的。通常，所有极板软化、断格的蓄电池都是因为长期的硫化而导致的，所以一定要提前及时检修，延长电池的使用寿命。

相关资料

　　近年来出现的铅酸蓄电池修复技术有很多，主要如下：

　　● 采用大电流充电，是使大的硫酸铅结晶产生负阻击穿来溶解的方法。该方法会降低蓄电池使用寿命，不建议采用。

　　● 负脉冲法，在充电过程中加入负脉冲，该方法可以减低电池温升，但是修复率只有20%左右。

　　● 添加活性剂，该修复方法成本高，改变了电解液的原结构，也会降低电池使用寿命，修复率约为45%。

　　● 高频脉冲修复法，就是采用脉冲波使硫酸铅结晶体重新转化为晶体细小、电化学性高的可逆硫酸铅，使其能正常参与充放电的化学反应，修复率约为60%。但修复时间长，需数十小时以上，甚至一周的时间，并且对严重"硫化"的蓄电池修复效果不理想。

　　● 组合式谐振脉冲修复法，该方法是利用充电脉冲中的高次谐波与大的硫酸铅结晶产生谐振，在修复过程中消除电池硫化。这种方法修复效率高，对蓄电池损伤小，可以适当延长蓄电池的使用寿命，减少用户更换电池的次数和费用，目前正被广泛采纳。

8.4　电动自行车蓄电池的代换

　　对于蓄电池的代换，分为整体代换和对单体蓄电池进行代换，整体代换只需将电池盒拆开，将内部的四块单体蓄电池拆下，再装入四块新蓄电池，连接好引线即可；单体蓄电池代换，是将不良的单体蓄电池拆下，将新单体蓄电池与其他三块进行配组，然后进行连接安装。

8.4.1　蓄电池的整体代换方法

对于整体代换的蓄电池，需要将电池盒拆开。蓄电池的电池盒是由两块对称的塑料壳组成，连接部位由螺钉进行固定。

按图 8-38 所示，用合适的螺丝刀将电池盒滑道的螺钉拧下，取下滑道和底座。

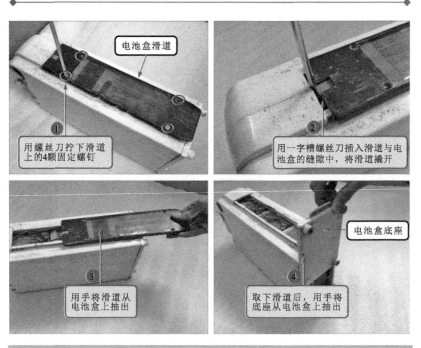

图 8-38　拆卸滑道和底座

按图 8-39 所示，拧下电池盒提手的固定螺钉，取下提手。

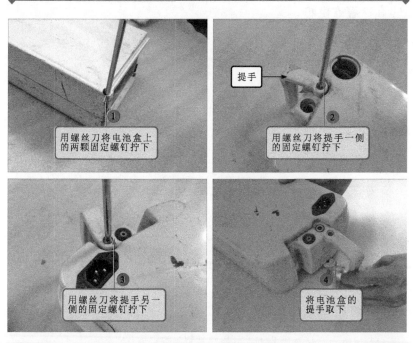

图 8-39　拆卸电池盒的提手

按图 8-40 所示，将电池盒外壳拆开，便可看见内部的单体蓄电池组。

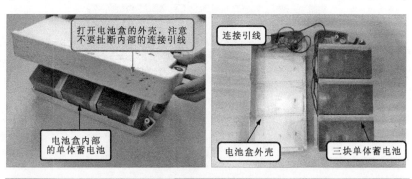

图 8-40　取下蓄电池外壳

要点说明

由于蓄电池内部通过引线与电池盒电源接口相连，在抬起外壳时，应注意其内部的线路连接，不要用力过大，将内部连线扯断。

按图 8-41 所示，使用电烙铁将极柱上的焊点熔化，便可取下连接引线。

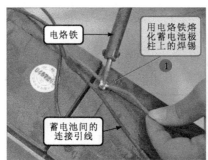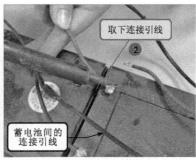

图 8-41　用电烙铁将各焊点熔化

按图 8-42 所示，将单体蓄电池间的引线取下后，可将单体蓄电池从电池盒中取出。

图 8-42　取出单体蓄电池

取出所有需要代换的单体蓄电池，将新的单体蓄电池进行重新连接，然后装入电池盒中。通常，单体蓄电池之间需要串联在一起，然后再与电池盒上的电源接口相连。图 8-43 所示为常见的蓄电池连接方法。

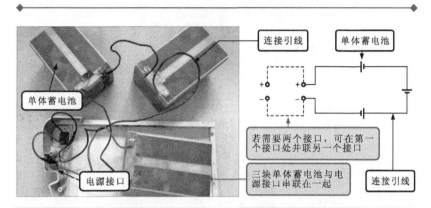

图 8-43　常见的蓄电池连接方法

按图 8-44 所示，用电烙铁将连接引线焊接在极柱上，注意首尾正、负极相连，使三块单体蓄电池与接口串联在一起。

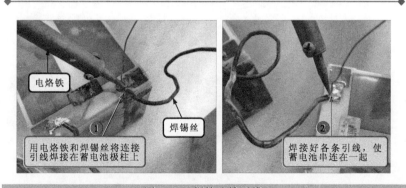

图 8-44　焊接连接引线

按图 8-45 所示，将单体蓄电池放入电池盒中，注意不要压住连接引线。

单体蓄电池

连接引线

将蓄电池按顺序装在电池盒内，注意不要压住引线，以免拉断极柱上的焊点

图 8-45　安装单体蓄电池

按图 8-46 所示，将电池盒的外壳、滑道固定好，拧紧固定螺钉，蓄电池整体代换完成。

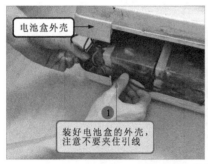

电池盒外壳

①

装好电池盒的外壳，注意不要夹住引线

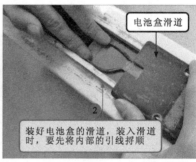

电池盒滑道

②

装好电池盒的滑道，装入滑道时，要先将内部的引线捋顺

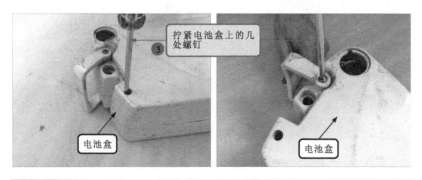

③

拧紧电池盒上的几处螺钉

电池盒

电池盒

图 8-46　固定好电池盒

8.4.2　单体蓄电池的代换方法

若要对一块单体蓄电池进行代换，需要将电池盒拆开，将损坏的单体蓄电池拆下，然后对新蓄电池和余下的 3 块单体蓄电池进行配组，再重新连接安装。

按图 8-47 所示，将损坏的单体蓄电池从电池盒中取下，用电烙铁将连接引线焊下。

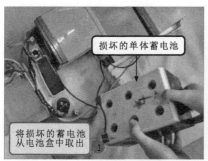
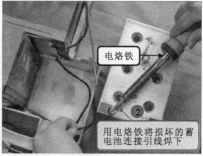

图 8-47　拆下损坏的单体蓄电池

按图 8-48 所示，将新的单体蓄电池按照串联的方式与其他电池进行连接。

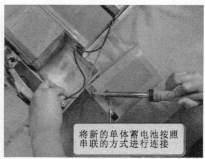

图 8-48　将新的单体蓄电池进行连接

🔧 **要点说明**

上述所采用的新单体蓄电池实际上是使用过的蓄电池，因为全新的蓄电池永远也不会与旧的蓄电池保持同步，因此要选用相同寿命周期内的良好蓄电池进行代换。该蓄电池要与电池盒中的其他 3 块蓄电池进行配组，确保 4 块蓄电池在电压、容量等方面相接近，以免再次引起电池组不平衡的故障。

按图 8-49 所示，确认焊点是否焊接牢固，并将蓄电池装入电池盒中。

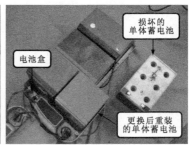

图 8-49　将蓄电池装入电池盒中

按图 8-50 所示，检测蓄电池的总电压，确认电压正常后，将电池盒外壳装好，拧紧固定螺钉，并将外壳缝隙用胶带粘牢，增强密封性。

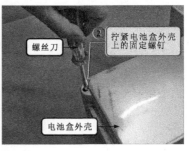

图 8-50　将电池盒重新封装

第9章

电动自行车控制器的检修

9.1 电动自行车控制器的结构特点

9.1.1 有刷电动机控制器的结构

有刷直流电动机控制器主要是由外壳、电路板、连接引线等构成的，图9-1所示为典型有刷直流电动机控制器的结构图。

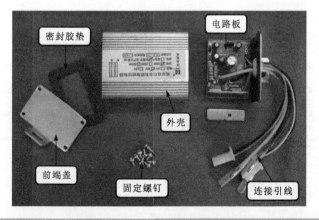

图9-1 有刷直流电动机控制器的结构

扫一扫看视频

图9-2所示为典型有刷直流电动机控制器内部电路。从图中可以看到，有刷直流电动机控制器内部电路比较简单，主要是由

电压比较器 LM339、场效应晶体管、滤波电容、限流电阻等构成。

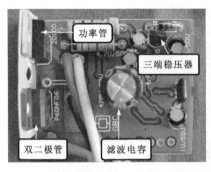
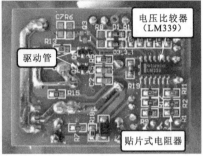

图 9-2　有刷直流电动机控制器内部电路

1. 电压比较器 LM339

电压比较器 LM339 是有刷电动机控制器中的关键元器件之一，其内部集成了四个独立的电压比较器，每个电压比较器都可以独立的构成单元电路，如图 9-3 所示。

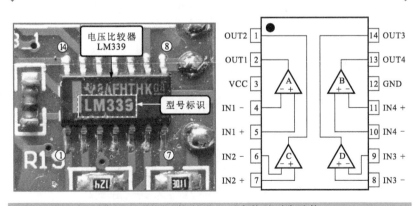

图 9-3　电压比较器 LM339 实物及引脚功能

在电路中，LM339 内部四个独立的电压比较器都可以单独使用。在该类控制器电路中用于组成锯齿波脉冲产生电路和 PWM 调制电路等，在该电路中也称其为 PWM 信号产生电路。

要点说明

　　电压比较器是通过两个输入端电压值（或信号）的比较结果决定输出端状态的一种放大器件。

　　当电压比较器的同相输入端电压高于反相输入端电压时，输出高电平；当反相输入端电压高于同相输入端电压时，输出低电平，如图9-4所示。

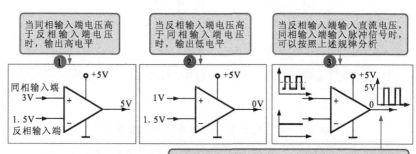

图9-4　电压比较器输入与输出端电压或信号关系

相关资料

　　图 9-5 所示为电压比较器 LM339 内部一个独立比较器的内部结构框图，其他三个比较器的结构与之完全相同。IN＋和 IN－是 LM339 外面的两个输入端，电压比较器内部的电路都是采用差动放大器（又叫差分放大器），即晶体管 VT1 与 VT2 是对称的，晶体管 VT3 与 VT4 是对称的。当输入端 IN＋和 IN－的电压加上时，两个对称的晶体管之间的电压差就会使电压比较器的输出发生变化。采用这种差动式的电路具有零点漂移小、准确度高的特点。

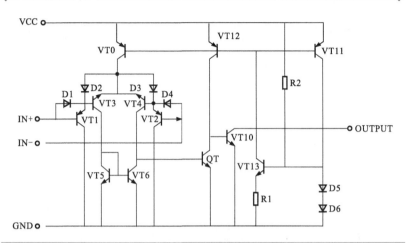

图 9-5　LM339 内部结构框图

电压比较器 LM339 各引脚的引脚功能见表 9-1。

表 9-1　电压比较器 LM339 各引脚的引脚功能

引脚号	名称	功能	引脚号	名称	功能
①	OUT2	输出 2	⑧	IN3 −	反相输入 3
②	OUT1	输出 1	⑨	IN3 +	同相输入 3
③	VCC	电源	⑩	IN4 −	反相输入 4
④	IN1 −	反相输入 1	⑪	IN4 +	同相输入 4
⑤	IN1 +	同相输入 1	⑫	GND	接地
⑥	IN2 −	反相输入 2	⑬	OUT4	输出 4
⑦	IN2 +	同相输入 2	⑭	OUT3	输出 3

 2. 功率管

功率管是有刷电动机控制器中的重要部件之一，多采用场效应晶体管，用于将电压比较器所构成的 PWM 信号产生电路输出的 PWM 信号进行功率放大和输出，去驱动电动机起动、运转和变速。

 216

图9-6所示为上述控制器中场效应晶体管的实物外形，其型号为STP60NF06，是控制器中的功率放大器件。

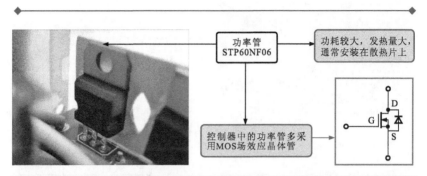

图9-6　场效应晶体管STP60NF06的实物外形

要点说明

电动自行车控制器中常采用的场效应晶体管主要有STP75NF75、STP60NF60、IRF2807、IRF2103、IRF4905、FYP2010D、STW80N06、FQA160N8、HPF3205、2SK1836等。

 3. 三端稳压器

控制器电路板上各元器件所需要的工作电压，均低于电池提供的电压，因此，通常将电池电压先进行限流和稳压后，再为控制器电路板各元器件供电，此时常用稳压元器件与限流电阻构成稳压电路实现此功能。

图9-7所示为上述控制器中稳压器件AS78L05实物外形。这是一种三端稳压集成电路，与控制器中的滤波电路及稳压二极管等构成控制器中的内部电源电路。

 4. 其他器件

图9-8所示为上述有刷电动机控制器中的限流电阻器、滤波电容器、贴片式稳压二极管、驱动管等器件的实物外形。

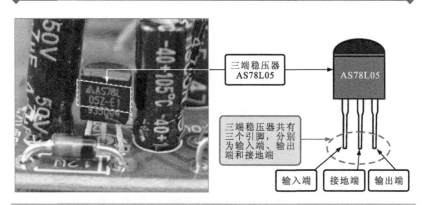

图 9-7　三端稳压器 AS78L05 实物外形

图 9-8　有刷直流电动机控制器中其他主要器件的实物外形

要点说明

　　限流电阻器主要是限制电流大小，防止电流过大导致电动自行车有刷直流电动机控制器中的其他电路损坏；滤波电容器主要作用是滤除杂波；驱动管是使电流进行驱动工作从而可以驱动电路的其他部分；贴片式稳压二极管用于对送入控制器中的电压进行稳压，以保证供电电压的稳定。

9.1.2　无刷电动机控制器的结构

　　图9-9所示为无刷直流电动机控制器的结构图。从图中可以看到，控制器是由外壳、电路板、连接引线等构成。

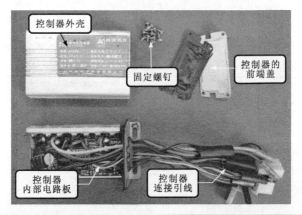

扫一扫看视频

图9-9　无刷直流电动机控制器的结构图

　　图9-10所示为典型无刷直流电动机控制器的内部电路。从图中可以看到，无刷直流电动机控制器电路结构相对较复杂，主要由微处理器芯片、电压比较器、稳压器件、功率管（MOS管）、三端稳压器和限流电阻等构成的。

1. 微处理器芯片

　　图9-11为无刷电动机控制电路中的微处理器。该微处理器的型

号为 STM8S。

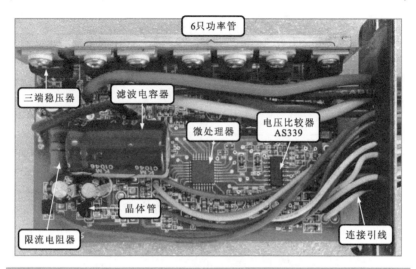

图 9-10   无刷直流电动机控制器的内部电路

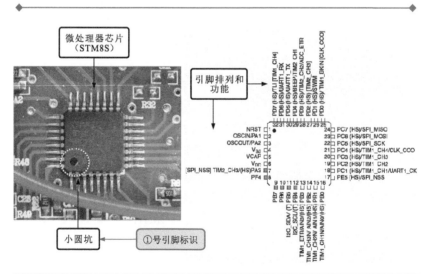

图 9-11   微处理器芯片 STM8S 的实物外形及引脚排列

2. 电压比较器

在该控制器中，采用的电压比较器为 AS339M，其功能、内部结构与 LM339 完全相同，如图 9-12 所示。

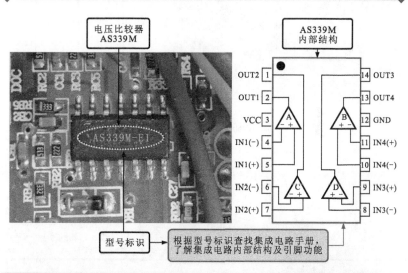

图 9-12　典型无刷电动机控制器中电压比较器为 AS339M 外形及内部结构

该电压比较器与外围电路构成 PWM 信号产生电路，用于产生锯齿波脉冲和 PWM 调制等。

 3. 功率管

如图 9-13 所示，在无刷电动机控制器中通常采用 6 个型号完全相同的功率管（场效应晶体管）构成功率输出电路，用于驱动无刷电动机的起动和运转。

 4. 三端稳压器和限流电阻

当蓄电池通电后，送到控制器内的工作电压首先应经三端稳压器和限流电阻进行限流和稳压，然后再为其他元器件送去所需的直流电压，如图 9-14 所示。

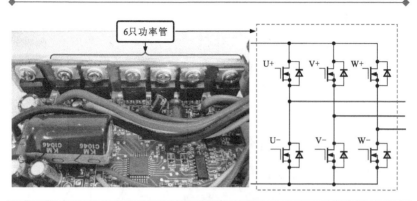

6只功率管

图 9-13　无刷电动机控制器中功率管的实物外形

三端稳压器
LM317

限流电阻器

图 9-14　三端稳压器和限流电阻的实物外形

9.2　电动自行车控制器的工作原理

9.2.1　有刷电动机控制器的工作原理

　　图 9-15 所示为典型电动自行车有刷直流电动机控制器框图。从图中可以看到，电动自行车有刷直流电动机控制器与蓄电池、转把、

闸把及有刷直流电动机进行连接。当蓄电池将电压送入控制器后，经控制器内部的稳压电源进行稳压后输出低压为 PWM 产生电路（电压比较器）、欠电压保护电路、场效应晶体管驱动电路、限流/过电流保护电路等进行供电。

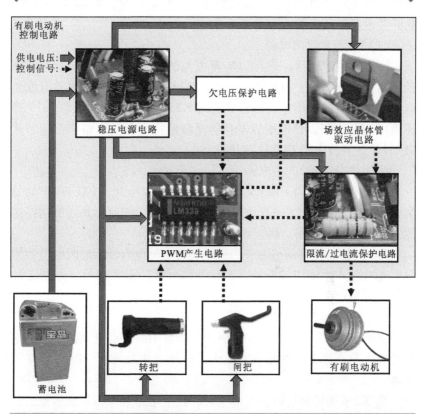

图 9-15　典型电动自行车有刷直流电动机控制器框图

转动转把发出控制信号，驱动 PWM 产生电路输出 PWM 信号送入场效应晶体管驱动电路中对场效应晶体管进行驱动，通过场效应晶体管输出合适的电压，经限流/过电流保护电路限流后驱动有刷直流电动机运转。限流/过电流保护电路将电流的情况反馈给 PWM 芯片，使其可以输出正常的控制信号。

当按下闸把时，信号送入 PWM 芯片中，PWM 芯片停止输出 PWM 控制信号，无法驱动场效应晶体管驱动电路，停止输出供电电压，有刷直流电动机失电，减速后停止运转。

图 9-16 所示为采用 TL494 芯片的有刷直流电动机控制器电路原理图。该电路以 TL494 芯片为控制核心，它是一款脉宽调制（PWM）式开关电源控制电路。

（1）稳压和供电电路

当接通电源锁后，来自 36V 蓄电池的电压分为三路：第一路加到有刷直流电动机上为其供电；第二路通过取样电路 R1 为蓄电池欠电压保护电路提供信号；第三路通过 R3 电流后，经稳压器 7815 稳压输出 15V 电压。该电压经电容器滤波后，为驱动电路和控制芯片 TL494、运算放大器 LM324 等供电。

（2）PWM 信号产生电路

稳压电路输出的 +15V 电压后加到控制芯片 IC2（TL494）的⑫脚，芯片内部形成 5V 基准电压由其⑭脚输出，同时为其内部的振荡器、触发器、比较器、误差放大器等电路供电。

IC2 内部的振荡器与⑤、⑥脚外接的定时电容器和定时电阻器构成振荡电路产生锯齿波脉冲。该脉冲信号作为触发信号，控制芯片内的比较器产生 PWM 脉冲，由 IC2 的⑨脚输出。

（3）驱动电路

晶体管 VT1、VT2、VT3 构成该控制器中的驱动电路部分，其中晶体管 VT1、VT2 组成推挽式放大器，场效应晶体管 VT3 为功率放大器。

当 IC2⑨脚输出脉冲为高电平时，经电阻器 R30 后加到推挽式放大器的基极，VT1 截止，VT2 导通，将脉冲信号进行放大后送入 VT3 的栅极，VT3 导通，驱动信号送至有刷直流电动机，驱动其旋转。

当 IC2⑨脚输出脉冲为低电平时，经电阻器 R30 后加到推挽式放大器的基极，VT1 导通，VT2 截止。VT1 导通后，VT3 迅速截止，驱动信号迅速消失，电动机绕组产生反相的电动势，该电动势经二极管 D5 泄放到蓄电池。

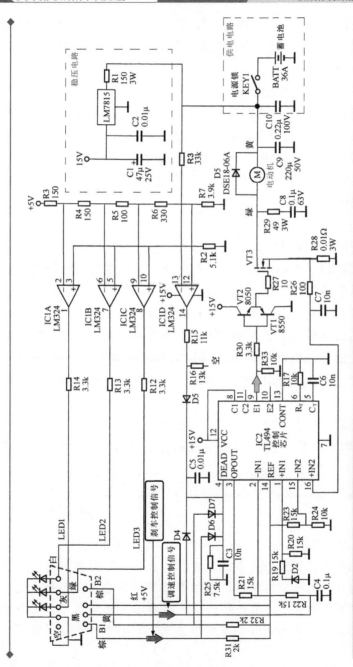

图9-16　采用 TL494 芯片的有刷直流电动机控制电路原理图

正常工作时，IC2⑨脚输出脉宽可变的信号，经 VT1～VT3 放大后去驱动电动机旋转，调速时改变脉宽的宽度，即可改变电动机的转速。

（4）刹车控制电路

按下闸把进行刹车时，闸把内的刹车开关接通输出 5V 高电平，经棕色线后，加到 IC2 的④脚，IC2④脚内接休止时间比较器，该脚输入高电平后，内接的休止时间比较器输出高电平控制电压，IC2⑨脚输出低电平，控制器晶体管 VT2 截止，VT1 导通，场效应晶体管 VT3 截止，电动机停止转动，实现刹车控制。

（5）调速控制电路

控制器对电动机的调速控制是通过改变⑨脚输出的脉冲占空比来实现的。例如，当旋转转把加速时，霍尔组件输出的直流电压由低到高进行变化，该变化的信号经 R22 后加到 IC2 的②脚，由②脚输入的电压由低到高变化，该脚内接误差放大器输出端的电压由高到低变化，再经 PWM 比较器处理后，使 IC2⑨脚输出的脉冲信号占空比增大，从而使场效应晶体管 VT3 导通时间延长，流过电动机绕组的电流增大，电动机的转速增大，实现加速控制。

当旋转转把减速时，IC2②脚输入电压由高到低，则控制 IC2⑨脚输出脉冲信号的占空比减小，使车速降低，实现减速控制。

相关资料

图 9-17 所示为 TL494 芯片的内部结构框图。TL494 芯片内部由基准电压发生器、振荡器、误差放大器、双稳态触发器、比较器等构成。其中，芯片内的振荡器既可工作在主动振荡方式，也可工作在外同步信号触发的状态，驱动输出电路既可以工作在双端输出方式，也可工作在单端出方式。TL494 芯片各引脚功能见表 9-2。

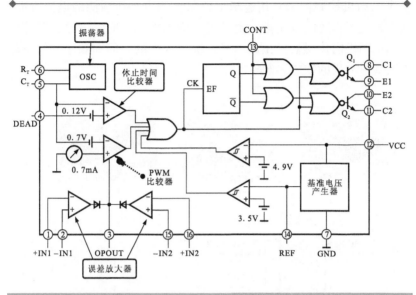

图 9-17　TL494 芯片的内部结构框图

表 9-2　TL494 芯片各引脚功能

引脚号	名称	功　　能	引脚号	名称	功　　能
①	+ IN1	误差放大器 1 同相输入	⑨	E1	驱动管 Q1 的 e 极
②	- IN1	误差放大器 1 反相输入	⑩	E2	驱动管 Q2 的 e 极
③	OPOUT	误差放大器输出	⑪	C2	驱动管 Q2 的 c 极
④	DEAD	休止期控制信号输入	⑫	VCC	电源
⑤	C_T	振荡器外接定时电容	⑬	CONT	激励脉冲输出方式控制 (L：单端输出；H：双端输出)
⑥	R_T	振荡器外接定时电阻	⑭	REF	5V 基准电压输出
⑦	GND	接地	⑮	- IN2	误差放大器 2 反相输入
⑧	C1	驱动管 Q1 的 c 极	⑯	+ IN2	误差放大器 2 同相输入

9.2.2　无刷电动机控制器的工作原理

如图 9-18 所示为常见无刷直流电动机控制器的原理框图。无刷直流电动机控制器是利用逻辑电路来控制电动机线圈的电流方向，从而替代了传统的电刷控制电动机线圈的方式，同时该控制器可以根据电动机内传感器发出的信号，确定换向的时间和顺序，并以此来改变电动机的转速和方向。

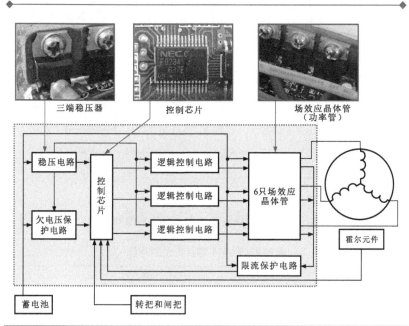

图9-18　常见无刷直流电动机控制器的原理框图

通过图9-18可知，控制芯片根据无刷直流电动机霍尔元件输出的信号分别对6只场效应晶体管进行驱动，有规律地给电动机绕组提供电流，形成旋转磁场。同时，根据转把的输入电压大小，控制相应激励脉冲的宽度，从而控制无刷直流电动机的速度。

场效应晶体管（功率管）是大电流开关元件，其导通时间与关闭时间受导通信号（由PWM信号合成的混合信号）控制。

欠电压保护电路主要是在蓄电池电压降低到控制器的设定值后，停止PWM信号的输出，从而保护蓄电池不至于在低电压的情况下进行工作。

限流保护电路，则是对控制器输出的最大电流进行限制，从而保护蓄电池、场效应晶体管（功率管）和电动机等不会出现允许范围以外的大电流。

🔧 要点说明

值得注意的是，无刷控制器相位角必须和无刷直流电动机的相位角保持一致，才可以使电动机运转，这就需要霍尔元件检测转子磁极的当前位置（相位角）。

目前，市场上流行的无刷直流电动机控制电路主要有两种形式：一种为采用专用 PWM 信号产生芯片（MC33035、A3932SEQ 等）；另一种为采用微处理器作为控制电路。

图 9-19 所示为采用无刷直流电动机专用控制芯片（MC33035 + IR2103 组合）的控制电路原理图。该电路主要由供电电路、驱动电路、刹车控制电路、调速控制电路、欠电压保护电路、过电流保护电路等部分构成的的。

（1）供电及驱动电路

电池的 36V 电压经电阻器 R1 限流，电容器 C3、C2 滤波后送入三端稳压器 IC27812 的①脚，经其稳压后，由其③脚输出 +12V 电压，该电压经电容器 C1 滤波后，送入 IC1 的⑱脚、⑰脚，为其提供工作电压；同时分别送入三个驱动器 IC3、IC4、IC5 的①脚供电。

另外，+12V 电压再经电阻器 R19 限流、二极管 VS4 稳压、C13 滤波后输出 +6V 电压，分别为 IC6 及转把供电。

（2）电动机驱动电路（起动电路）

控制芯片 MC33035 的⑱脚、⑰脚得到供电电压后，IC1 内部开始工作，其①脚和⑳脚、⑲脚和㉔脚、②脚和㉑脚分别输出驱动信号，送入 IC3、IC4、IC5 处理后，去驱动 VF1 ~ VF6，最后去驱动电动机三相绕组，使电动机旋转。

相关资料

芯片 MC33035 的内部结构框图及引脚外接元器件如图 9-20 所示，其各引脚功能见表 9-3。

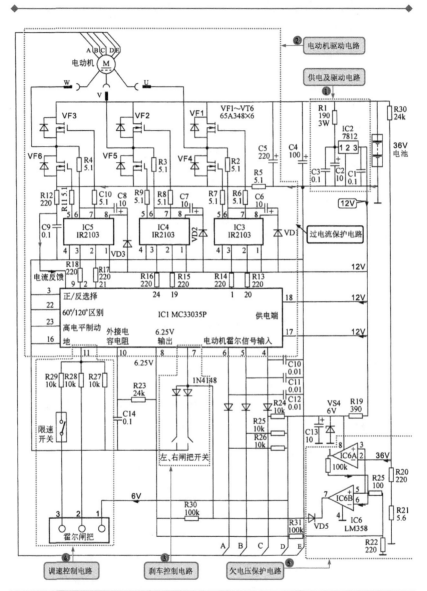

图9-19　采用无刷直流电动机专用控制芯片（MC33035＋IR2103 组合）的控制电路原理图

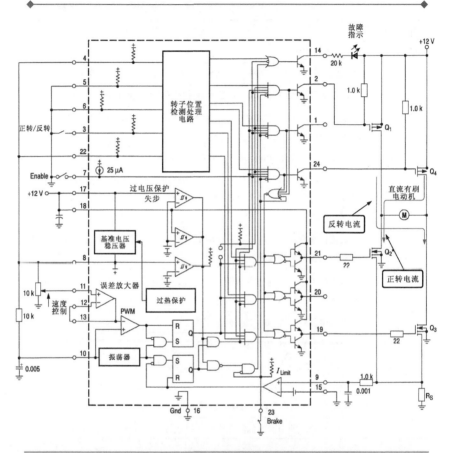

图9-20   MC33035 内部结构框图及引脚外接元器件

表9-3   MC33035 各引脚功能

引　　脚	功　能　定　义
①、②、㉔	驱动信号输出端，用于驱动外部上端功率开关晶体管
③	正向/反向输入，用于改变电动机转向
④、⑤、⑥	霍尔IC信号输入，用于控制整流序列
⑦	起动端，高电平有效。该脚为高电平时，可使电动机转动
⑧	霍尔IC供电端

（续）

引　　脚	功　能　定　义
⑨	电流检测同相输入
⑩	振荡器引脚，振荡频率由定时元件 RT 和 CT 所选择的参数决定
⑪	误差信号放大器同相输入。通常连接到速度设置电位器上
⑫	误差信号放大器反相输入。在开环应用情况下，此输入通常连接到误差放大器输出端
⑬	误差放大器输出/PWM 输入。在闭环应用情况下，此引脚用作补偿
⑭	故障输出端。当下列的任一或多个条件满足时，集电极开路输出端被触发而变为低：无效的传感器输入码，电压检测超过 100mV，低电压锁定或热关断
⑮	电流检测反向输入端。用于给内部 100mV 门限电压提供参考地，该引脚通常连接到电流检测电路的底端
⑯	该引脚用于为控制电路提供一个分离的接地点，并可以作为参考返回到电源地
⑰	正电源。VCC 在 10～30V 的范围内
⑱	正电源。VCC 在 10～30V 的范围内
⑲、⑳、㉑	驱动信号输出端用于直接驱动外部底部功率开关晶体管
㉒	此引脚的状态可决定控制电路是工作在 60°（高电平状态）还是 120°（低电平状态）的传感器电器相位输入状态下
㉓	起停控制。该引脚为低时允许电动机运行，为高时电动机运行停止

（3）刹车控制电路

图 9-19 所示电路中，IC1 的⑦脚及外围电路与闸把开关组成刹车电路。电动自行车正常运转时，IC1⑦脚为高电平，当捏下闸把时，闸把中的常开触点闭合，IC1⑦脚电压经二极管和闸把开关后接地，IC1⑦脚变为低电平，IC1 停止工作，VF1～VF6 截止，电动机停止转动。随后闸把拉动钢丝使自行车抱闸，电动自行车停车。

（4）调速控制电路

调速电路主要是由 IC1 的⑪脚及外接电路和转把电路（霍尔

IC）等部分构成的。转把的①脚为6V供电端，②脚为调速信号输出端。

在旋转转把时，其②脚输出的直流控制电压经R28送入IC1的⑪脚，当该直流电压从低到高变化时，IC1的⑪脚电压相应也升高，经IC1内部电路处理后，输出PWM信号，使通过IC3～IC5驱动VT1～VT6的导通时间延长，电动机绕组电流加大，电动机转速提高。反之，电动机转速降低，进而实现电动自行车的调速功能。

（5）欠电压保护电路

电压比较器IC6（LM358），取样电阻器R20、R21，IC1的⑦脚构成了控制器的欠电压保护电路。

当电池电量充足时，加到IC6②脚的电压高于③脚的基准电压，其①脚输出低电平，经电阻器后送入IC6B⑥脚（低电平），与⑤脚基准电压相比较后，由其⑦脚输出高电平，VD5截止，IC1的⑦脚电平保持为高电平，IC1正常工作。

当电池放电至低于31.5V时，IC6A②脚电压低于③脚电压，其①脚输出高电平，那么加到IC6B⑥脚为高电平，相应其⑦脚输出低电平，VD5导通，IC1⑦脚的电平也变为低电平，IC1停止工作，无PWM信号输出，电动机停止转动，实现欠电压保护。

（6）过电流保护电路

IC1的⑨脚，电容器C9、电阻器R12、R5构成了过电流保护电路。

当电动自行车正常行车时，电阻器R5上流过的电流较小，其产生的电压降也较低，经R19后加到IC1⑨脚的电压极低，不足以驱动IC1内部的电流保护电路动作，IC1正常工作。

当负载过大或某种原因引起场效应晶体管VF1～VF6导通电流过大时，R5两端电压降升高，相应加到IC1⑨脚的电压也升高，当该电压足以促使IC1内部的过电流电路动作时，IC1将停止工作，VF1～VF6停止工作，电动机停止转动，实现过电流保护。

9.3　电动自行车控制器的故障检修

9.3.1　控制器电源输入电压的检测

扫一扫看视频

　　控制器电源输入电压的具体检测方法如图 9-21 所示。控制器正常工作时需要蓄电池为其提供基本的工作电压，若该电压不正常，控制器则无法进入工作状态。控制器电源输入电压值取决于蓄电池的额定电压值，通常 36V 控制器电源输入端电压约为 37.8V；48V 控制器电源输入端电压约为 50.4V。

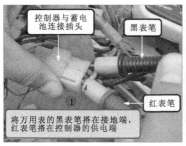

图 9-21　控制器电源输入电压的检测方法

　　实测万用表读数约为 50.4V，对该电压的检测相当于对电池输出电压的检测，通常若电压值过低则应检查电池部分；若电压值正常，但指示仪表显示电量不足时，则应对电池进行充电。

9.3.2　控制器与转把之间控制信号的检测

　　若控制器的供电正常，则需要对控制器与转把之间的控制信号进行检测，判断控制器与转把是否可以良好的工作。

　　通常转把与控制器由 3 根引线连接（若引线有 5 根，其他两根为巡航线，用来实现电动自行车定速行驶的功能），检测前需要首先了解各种颜色信号线功能。如图9-22所示，红色线为电源引线，绿色线为信号引线，黑色线为接地引线。

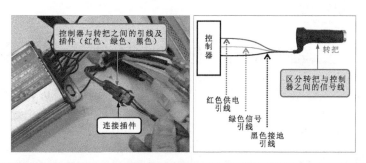

图9-22　控制器与转把之间连接引线的线序和颜色

了解了控制器与转把之间的连接引线后，需要对相关的供电以及信号等进行检测，转把输出的信号主要是指转把工作时输出的不同电压值，如图9-23所示。

扫一扫看视频

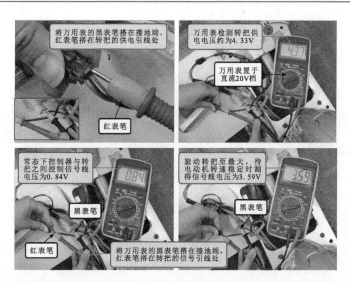

图9-23　控制器与转把之间控制信号的检测方法

实测控制器与转把之间的控制信号在 0.84 ~ 3.59V 之间变化。该变化范围由调速转把的类型决定：一般万用表读数应在 0.8 ~ 4.8V 或 4.8 ~ 0.8V 之间变化，若在转动转把时，未观察到电压的变化，表明转把已坏，应更换。

9.3.3　控制器与闸把之间控制信号的检测

经检测控制器的电源以及与转把之间的工作均正常时，需要对控制器与闸把之间的控制信号进行检测。根据控制器与闸把之间的控制器原理可知，操作闸把时应有高低电平的变化，此时用万用表进行检测即可。

在电动自行车控制器中，闸把、指示仪表、喇叭及车灯等与控制器之间是通过一组 6 根引线的输出插件相连接。检测前，应先了解各种颜色信号线功能，找到闸把的控制引线，如图 9-24 所示。

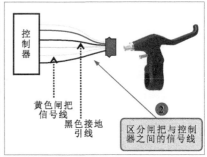

图 9-24　找出闸把与控制器之间的连接引线

扫一扫看视频

根据闸把与控制器之间的连接引线，可以对闸把输出的信号进行检测，如图 9-25 所示。

通常，未操作闸把时，控制器与闸把之间的高电平信号应不小于 4V 电压；当捏下闸把时，闸把输出引线端电压应变为低电平（即接近 0V）。

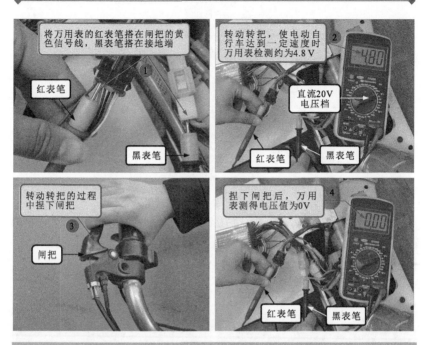

图 9-25　控制器与闸把之间控制信号的检测方法

9.3.4　控制器与无刷直流电动机之间控制信号的检测

　　控制器与电动机之间的控制信号在电动自行车中是非常重要的，该信号决定着电动自行车是否能正常行驶。下面介绍具体的检测方法。

　　控制器与无刷直流电动机之间通常由 3 根较粗的引线和五根细引线进行连接，其中 3 根较粗的引线为控制器与无刷直流电动机连接的 3 根相线；较细 5 根的引线为控制器与无刷直流电动机内霍尔元件连接的引线，如图 9-26 所示。

　　电动自行车正常工作时，控制器与无刷直流电动机线圈连接的 3 根引线之间应有一定的电压值，可用万用表分别检测引线端的电压值，如图 9-27 所示。

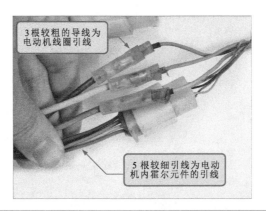

图 9-26　控制器与无刷直流电动机之间的控制引线

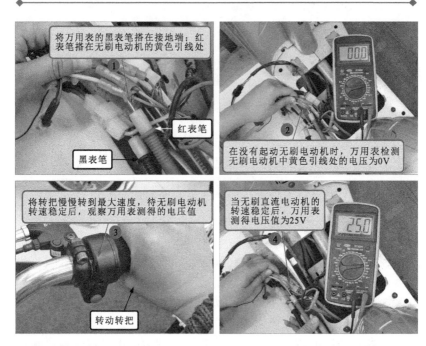

图 9-27　控制器与无刷直流电动机线圈之间供电电压的检测方法

用同样的方法分别检测无刷直流电动机其他两根引线（红色和

蓝色）的电压值，3 根引线在调速转把达到最大速度时测得电压值应基本相同，均为 25V。若实测时，某一根引线电压过高或过低，表明与该引线连接控制器内的相关元器件故障，应对控制器内部的元器件进行检修。

　　接下来，进一步检测控制器与电动机中霍尔元件之间的控制电压，如图 9-28 所示，在检测时，可将万用表的黑表笔搭在接地端，红表笔搭在霍尔元件的引线端，检测霍尔元件在无刷直流电动机不同状态时的电压值。

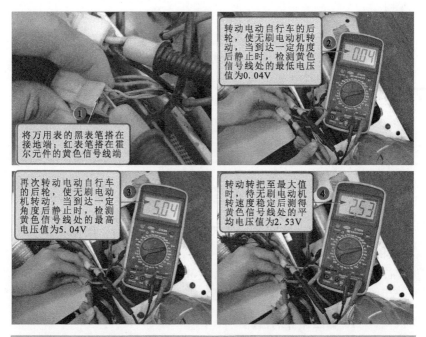

图 9-28　控制器与无刷直流电动机中霍尔元件之间控制信号的检测方法

　　由图 9-28 可知，实测时，当用手慢慢拨动后轮旋转时（无刷直流电动机转子部分转动），黄色信号线的电压值在 0.04 ~ 5.04V 之间缓慢变化；当操作转把到最大值，并使无刷直流电动机匀速运转时，该信号线电压值为 2.53V，此时，表明控制器与霍尔元件中黄色信号线间的电压值正常。

采用同样的方法分别检测控制器与无刷直流电动机中其他霍尔元件之间的控制信号，正常情况下，检测到的数值见表9-4。

表9-4　控制器与无刷直流电动机中霍尔元件间的电压值

	最小值	最高值	平均值
绿色信号线	0.04V	5.04V	2.54V
蓝色信号线	0.04V	4.86V	2.44V

要点说明

　　控制器与霍尔元件间的红色引线端为霍尔元件的供电端，正常情况下，该引线处应有4.33V的供电电压。供电电压的检测方法可参考转把中霍尔元件供电的检测方法。

　　不同型号的控制器、电动机之间的控制信号参数值与上述检测结果并不完全相同，但基本都遵循上述规律，若在维修过程中，实测结果偏差较大，可能是控制器或电动机中的霍尔元件故障，应进一步分别进行检修。

9.3.5　控制器中核心器件的检修

　　若经上述检测，控制器与外部的连接均正常时，则需要进一步对控制器本身进行检测。检测控制器时，应重点对易损元器件进行检测，如稳压器件、场效应晶体管（MOS管）、控制芯片（PWM信号产生电路）以及限流电阻器等器件。

1. 稳压器件的检测

　　控制器中的稳压器件主要是将蓄电池送来的电压进行稳压后，输出电路板上其他器件正常工作时所需要的直流电压。

　　在控制器中使用的稳压器件通常为三端稳压器以及稳压二极管，其中三端稳压器使用较多，下面以三端稳压器为例，介绍稳压器件的检测方法。如图9-29所示，将万用表的两成调整至"直流250V"电压档，通过检测三端稳压器的输入、输出电压来判断三端稳压器是否正常。

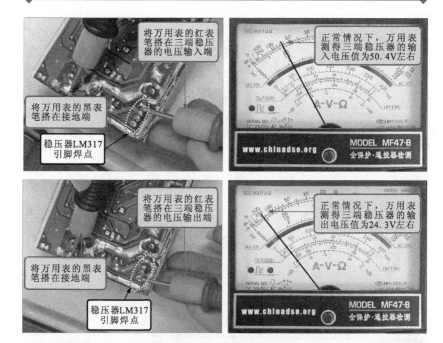

图9-29　三端稳压器件的检测方法

实测三端稳压器 LM317 的输入端电压约为 50.4V，输出端电压为约为 24.3V，说明 LM317 正常。若输入正常，无输出，则表明该三端稳压器损坏，应选用同型号三端稳压器进行更换。

扫一扫看视频

 2. 场效应晶体管的检测方法

判断场效应晶体管（MOS 管）是否正常时可在断电状态下检测各引脚间的阻值，如图9-30 所示。

正常情况下，场效应晶体管各引脚之间的正、反向阻值应为

1）栅极与源极和漏极之间的正、反向阻值都为无穷大。

2）源极与漏极之间的反向阻阻为几百至几千欧姆，正向阻值较大。

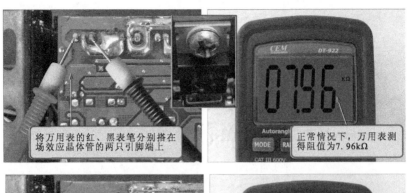

将万用表的红、黑表笔分别搭在场效应晶体管的两只引脚端上

正常情况下，万用表测得阻值为7.96kΩ

将万用表的红、黑表笔进行对换后，检测引脚间的阻值

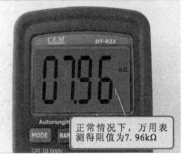

正常情况下，万用表测得阻值为7.96kΩ

图9-30　场效应晶体管的检测方法

　　若在路检测时，可能受外围元器件的影响与正常值有所偏差，此时，可将场效应晶体管取下后，进行开路检测。若还不能满足正常的检测结果或测得某组数值为零，则可能该晶体管已经损坏，应选用相同规格参数和型号的场效应晶体管进行更换。

要点说明

　　值得注意的是，由于控制器中多采用几个场效应晶体管协同工作，对该管进行检测时可采用比较法进行判断，若一排场效应晶体管中，其中一只与其他检测结果偏差较大，则可能该场效应晶体管已经损坏。

3. 控制芯片的检测

对控制芯片检测时通常采用测正反向对地阻值的方法进行判断，即将万用表黑表笔搭在接地端，红表笔依次检测芯片各引脚的正向对地阻值；然后对调表笔，红表笔搭在接地端，黑表笔依次检测芯片各引脚的反向对地阻值，如图9-31所示。

图9-31　控制芯片的检测方法

正常情况下测得控制芯片 NEC F9234 各引脚的正、反向对地阻值见表9-5。若实测结果与表格数值偏差较大，则多为芯片本身损坏，应用专业的贴片机对芯片进行更换和焊装。

表 9-5　控制芯片 NEC F9234 各引脚的正、反向对地阻值

引脚号	正向阻值 /kΩ	反向阻值 /kΩ	引脚号	正向阻值 /kΩ	反向阻值 /kΩ
①	4.1	12	⑯	4	11
②	3.9	8	⑰	4	7
③	3.9	10.5	⑱	4	7
④	3.9	10.5	⑲	4.1	11.5
⑤	4	12	⑳	4	11
⑥	0	0	㉑	4	8
⑦	3	11	㉒	4	11
⑧	4.2	12	㉓	4.1	11
⑨	4	11	㉔	4	9
⑩	3.5	11	㉕	3	3
⑪	3.5	12	㉖	4	11.5
⑫	4	9	㉗	4	10
⑬	4	9	㉘	3	4
⑭	3.8	5	㉙	0	0
⑮	4	7	㉚	4	11.5

注：该表格为正常情况下用 Tninipa ET-3010 型指针万用表测得。

 4. 控制器中其他易损部件的检测

在控制器中其他部件损坏的概率也较高，如限流电阻器、贴片式发光二极管等，通常可直接在断电状态下用万用表进行测量和判断，如图 9-32 所示。

检测限流电阻器时，主要是对限流电阻器的阻值进行检测，正常情况下，实测限流电阻器在路检测的阻值约为 330Ω；检测贴片式发光二极管时，最为简便的方法是检测贴片式发光二极管是否能正常发光，若检测正向阻值时能发光，检测反向阻值时不发光，则表明贴片式发光二极管正常。

将万用表的红、黑表笔分别搭在限流电阻器的两端

限流电阻器

正常情况下，测得阻值为330Ω

MODEL MF47-8
全保护·遥控器检测
www.chinadse.org

将万用表的黑表笔搭在贴片式发光二极管的正极

贴片式发光二极管

将万用表的红表笔搭在贴片式发光二极管的负极

检测发光二极管正向阻值时，正常情况下贴片式发光二极管发光

将万用表的红表笔搭在贴片式发光二极管的正极

贴片式发光二极管

将万用表的黑表笔搭在贴片式发光二极管的负极

检测发光二极管反向阻值时，正常情况下贴片式发光二极管不发光

图9-32　控制器其他易损部件的检测方法

第 10 章

电动自行车充电器的检修

10.1 充电器的结构特点

10.1.1 充电器的外部结构

充电器是电动自行车和三轮车中重要的配套器件，主要用于为蓄电池充电，其好坏直接影响电动自行车和三轮车蓄电池的使用寿命和工作时间。

充电器的外形大致相同（见图 10-1），但其输出的直流电压值不同。根据充电器输出的直流电压值不同，充电器可分为 36V 和 48V 两类。

要点说明

如图 10-2 所示，36V 充电器和 48V 充电器这两种充电器主要有两种区分方法：一种是通过其外壳上的铭牌标识进行区分；另一种是通过检测直流电压的方式进行区分，即将充电器接入电源，在不连接蓄电池的情况下，检测充电器输出的空载直流电压。通常 48V 充电器输出电压在 50~59V 之间，36V 充电器输出电压在 38~45V 之间。

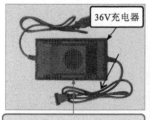

36V充电器

充电器将交流220V电压转换成
36V或48V左右的直流充电电压

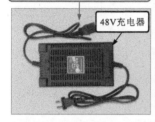

48V充电器

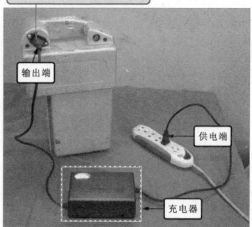

市电输入到充电器内，经其内
部处理后输出合适的直流电压

输出端

供电端

充电器

图 10-1　充电器的实物外形

充电器外壳上的铭牌通常标识充
电器的类型，如"48V/12AH"

检测到的直流电压在50～59V之
间的充电器为48V充电器

图 10-2　36V 和 48V 充电器的区分方法

相关资料

根据充电模式的不同，充电器还可分为两段式和三段式两类。

1) 两段式充电器是采用先恒流后恒压的充电方式，即初步进行充电时，其充电器的电流值将一直保持恒定不变，电压则保持上升状态。当电压充到一定额度时，充电器的电流值将逐渐减小，而其电压值在上升到充电器设定电压值后，将保持电压恒定不变。由于采用两段式充电器对电池进行充电会对电池有过充或欠充情况，而且还会影响电池寿命，所以目前多数电动自行车已不采用该类充电器。

2) 三段式充电器则分为恒流阶段，其恒定电流值应在 1.5 ~ 1.8A 之间；恒压阶段，其恒压充电电压应在 40 ~ 44V；涓流阶段，充电器将以 100mA 的电流慢慢地进行充电。通常，充电器在第二阶段和第三阶段转换时，其面板上的指示灯将发生相应的变换，大多数充电器第一、二阶段是红色指示灯，第三阶段为绿色指示灯。

图 10-3 所示为充电器的外部结构。从图中可以看出，充电器呈长方形，塑料盒内部固定有电路板，充电器引出两条电线，一条配有两芯或三芯输入插头，用来输入交流 220V 电压；另一条配有圆芯或方芯输出插头，用来与蓄电池进行连接。

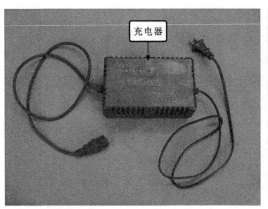
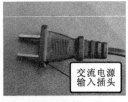

图 10-3　充电器的外部结构

（1）输入插头

输入插头是与市电 220V 交流电压连接的插头，该插头通常采用两芯和三芯的标准插头，如图 10-4 所示。

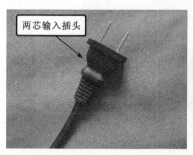
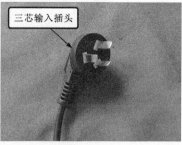

图 10-4　典型的两芯和三芯充电器输入插头

（2）输出插头

输出插头是与电池连接的插头，该插头通常采用圆芯和方芯插头两种，如图 10-5 所示。

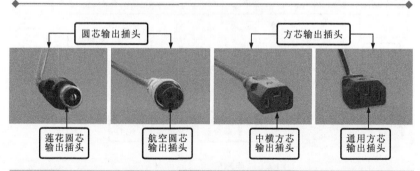

图 10-5　典型的圆芯和方芯输出插头

10.1.2　充电器的内部结构

在充电器的长方体塑料外壳内，包裹着充电器电路板，如图 10-6 所示。

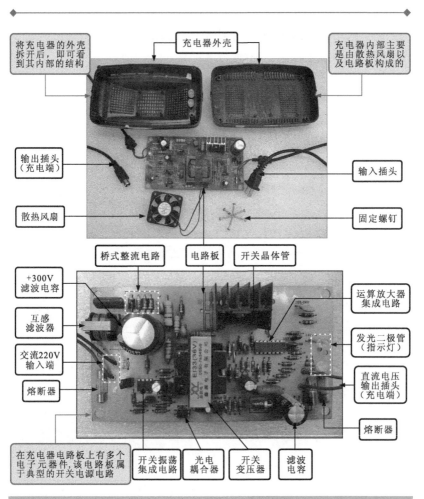

图 10-6　典型充电器的内部结构

　　由图 10-6 可知，电路板上安装有多种元器件，主要有交流 220V 输入接口、熔断器、滤波电容器、互感滤波器、桥式整流电路、开关晶体管、开关振荡集成电路、光电耦合器、开关变压器、运算放大器集成电路、直流电压输出接口等。

（1）熔断器

熔断器俗称保险丝，在电路中作为过电流保护元件使用。当充电器电路发生短路或异常时，电流会异常升高，此时过高的电流可能损坏电路中的某些重要元器件，甚至可能烧毁整个电路。而熔断器会在电流异常升高到一定的强度时，通过熔断使电路切断，从而起到保护电路的作用。

在充电器电路中，熔断器通常安装在交流输入电路和直流输出电路中，以确保充电器电路和蓄电池的安全。如图 10-7 所示，为熔断器的实物外形。

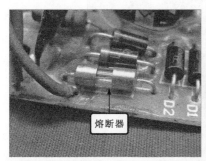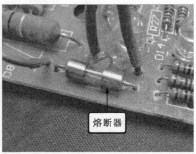

图 10-7 　熔断器的实物外形

（2）互感滤波器

互感滤波器由两组线圈对称绕制而成，其功能主要是通过互感作用消除外围电路的干扰脉冲，保护电路正常工作，同时使充电器的脉冲信号不会辐射到电网中对其他电子设备造成干扰，如图 10-8 所示为互感滤波器的实物外形。在电路中，互感滤波器通常用字母"L"表示。

（3）桥式整流电路

桥式整流电路的作用是将交流 220V 电压整流输出约 +300V 的直流电压。通常，该电路由 4 个二极管构成，如图 10-9 所示为桥式整流电路的实物外形。

（4）滤波电容器

滤波电容器一般为铝电解电容器，主要用于对桥式整流电路输出的 +300V 左右的直流电压进行滤波。它是充电器电路板上很容易辨认的元器件，其体积巨大，呈圆柱形，如图 10-10 所示。电容在电路中常用字母"C"表示。电解电容器具有正、负极性，电容器外壳上标有"－"的浅色标识一侧引脚为负极，用以连接电路的低电位或接地端。

图 10-8　互感滤波器的实物外形

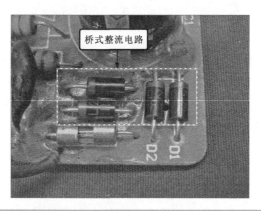

图 10-9　桥式整流电路的实物外形

（5）开关振荡集成电路

开关振荡集成电路是产生开关脉冲的电路，一般安装在开关变压器一次绕组附近，通常为 8 只或十几只引脚的双列直插式塑封集成电路，开关振荡和控制电路集成在其中。工作时，为开关晶体管提供驱动脉冲信号。如图 10-11 所示为开关振荡集成电路的实物外形。

图 10-10　滤波电容器的实物外形

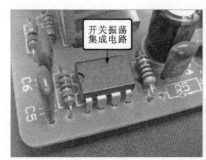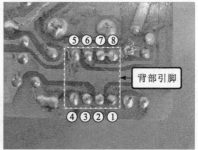

图 10-11　开关振荡集成电路的实物外形

（6）开关晶体管

在充电器中，通常采用场效应晶体管或普通晶体管作为开关晶体管，如图 10-12 所示。开关晶体管可将开关脉冲电压变成驱动开关变压器的脉冲电流，由于它工作在高反压和大电流环境下，所以需要将其安装在散热片上。

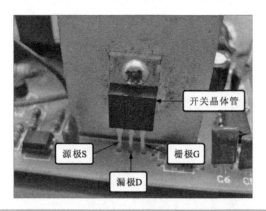

图 10-12   开关晶体管的实物外形

要点说明

开关晶体管本身一般不会标注引脚标识，在检测之前需要先进行判别，这时可根据对应电路图以及电路板印制线，判断出引脚功能。

（7）开关变压器

开关变压器是一种脉冲变压器，可将高频高压脉冲变成多组高频低压脉冲，其工作频率较高为 1～50kHz。开关变压器是开关电源电路中具有明显特征的器件，其一次绕组是开关振荡电路的一部分，二次输出的脉冲信号经整流滤波后变成直流电压，为蓄电池充电。图 10-13 所示为开关变压器的实物外形。

（8）运算放大器集成电路

图 10-14 所示为运算放大器集成电路的实物外形和背部引脚焊点，从图中可以看出，该集成电路的型号为 LM324N，主要作为温度、电压检测控制电路，用于监测充电器在充电过程中其电压值的上升情况，防止充电电压在超过其额定电压后，充电器仍继续向蓄电池充电，导致蓄电池过充，从而对蓄电池内部造成损伤。

图 10-13　开关变压器的实物外形

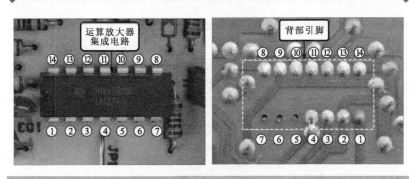

图 10-14　运算放大器集成电路的实物外形和背部引脚焊点

相关资料

　　LM324 为拥有 14 个引脚的集成电路，其内部有 4 个运算放大器，这 4 个运算放大器可作为独立放大器分别使用，也可叠加使用，如图 10-15 所示为 LM324 的内部功能框图。

要点说明

　　识读元器件引脚时，注意电路板正面元器件与背面引脚的对应。

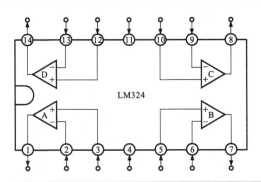

图 10-15　集成电路 LM324 的内部功能框图

（9）光电耦合器

光电耦合器可将开关电源电路输出电压的误差反馈信号送到开关振荡集成电路中，开关振荡集成电路根据此信号，对输出的驱动脉冲信号进行调整。图 10-16 所示为光电耦合器的实物外形。光电耦合器属于光电传感器，它内部是由一个光电晶体管和一个发光二极管构成的，误差信号先经过发光二极管转变为光信号，光信号再经过光电晶体管转变为电信号输出。

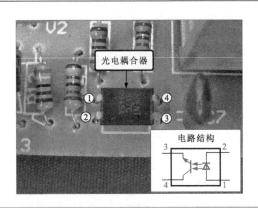

图 10-16　光电耦合器的实物外形

（10）发光二极管

在充电器电路中，常采用发光二极管作为充电器的电源和状态指示灯。通常，当充电器进行充电时，其电源指示灯为绿色，充电指示灯为红色，当充电结束后，充电器进入涓流充电阶段时，充电指示灯会变为绿色。图 10-17 所示为发光二极管的实物外形。

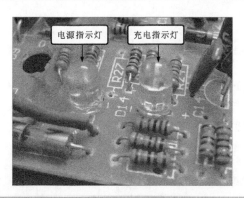

图 10-17　发光二极管的实物外形

（11）散热风扇

目前，很多电动自行车和三轮车充电器的内部会单独设有散热风扇，其主要作用是加强充电器内部的空气流通，降低电路板温度，使充电器的性能更加稳定，延长使用寿命。如图 10-18 所示为散热风扇的实物外形。

图 10-18　散热风扇的实物外形

10.2 充电器的工作特点

10.2.1 充电器的工作原理

充电器的主要工作是对蓄电池进行充电，如图 10-19 所示为典型充电器的工作原理图。

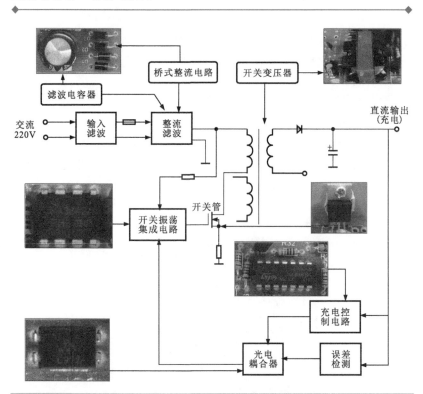

图 10-19　典型充电器的工作原理图

从图 10-19，可以看到，当交流 220V 电压输入到充电器电路中，经熔断器后送入整流滤波电路，经整流滤波后输出直流 + 300V 电压，直流 +300V 电压送入开关振荡振荡电路中，一路为开关变压器进行供电，一路经限流电阻器后为开关振荡集成电路进行供电。由开关振荡集成电输出 PWM 信号控制开关晶体管工作在脉冲振荡状态，经开关变压器输出脉冲信号。

二次侧输出的脉冲信号经整流电路后，输出供电电压。充电器控制电路是当蓄电池电量即将充满时，通过光电耦合器控制开关晶体管的导通量，使输出电流减小，并驱动指示电路中的指示灯进行转换，防止过冲现象的产生。

10.2.2　充电器的电路分析

图 10-20 所示为典型充电器（48V 充电器）的电路原理图。从图中可以看到，该电路主要是由开关振荡电路、直流输出电路、状态指示电路以及脉宽调制信号产生电路等构成的。

在典型充电器（48V 充电器）的电路原理图中，交流 220V 电压经互感滤波器 T1、滤波电容器 C1、C2、C3 和桥式整流电路整流滤波后，输出 +300V 的直流电压，经起动电阻器 R1 为开关晶体管 VT4 的基极提供起动电流，使 VT4 的集电极与发射极之间有电流产生，由于电容器 C4 的充放电作用使激励变压器的绕组和开关晶体管 VT4、VT3 起振。

电路振荡后，开关变压器 T3 的一次绕组 L4、L5 输出低压脉冲信号，经全波整流电路 VD9、VD10 整流，续流电感器 L2 和滤波电容器 C11 滤波后，形成充电电流，经二极管 VD11 后为 48V 蓄电池充电。VD11 为防反充电二极管，可防止蓄电池电压过高时反冲击整流电路。

IC2（LM358）中的两个运算放大器构成电压比较器，用来驱动充电状态指示电路。当开始充电时，取样端电压值较低，VD12 导通，使 IC2 A 的⑤脚的电压低于⑥脚，IC2 A 的⑦脚输出低电平，涓流充电指示灯 LED1（绿色）不亮，而 IC2 B 的①脚输出高电平，正常充电指示灯 LED2（红色）点亮。当充电电压接近蓄电池额定值时，IC2 A 的⑤脚电压上升，⑦脚变成高电平，则涓流充电指示灯 LED1 点亮，正常充电指示灯 LED2 熄灭。

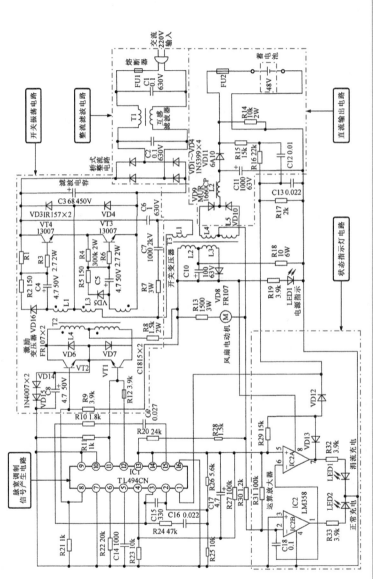

图 10-20　典型充电器（48V 充电器）的电路原理图

IC1（TL494CN）是一个脉宽调制信号（PWM）产生电路，它内部的振荡器产生振荡信号，PWM 比较器形成可变的 PWM 信号，该信号经内部处理后由⑧脚和⑪脚输出相位相差 180°的激励脉冲信号，分别加到开关晶体管 VT1、VT2 的基极，使电路进入振荡状态。

10.3　充电器的故障检修

10.3.1　充电器整体的检修

判断充电器本身是否正常时，可检测充电器的输出电压是否正常，若输出的电压正常，则可以排除充电器本身的故障；若输出的电压异常，则需要进一步对充电器的输入电压进行检测，若输入的电压正常，而无输出电压，则表明充电器本身可能损坏。

 1. 输出电压的检测方法

充电器出现故障时，可先对充电器输出的电压值进行检测，将充电器通电后，使用万用表检测充电器的输出插头，正常情况下，应能检测到直流电压值。

输出电压的检测方法如图 10-21 所示。

 2. 输入电压的检测方法

若检测充电器的输出电压正常，则表明充电器自身正常；若检测无输出的电压值，则需要对输入的电压值进行检测。

输入电压的检测方法如图 10-22 所示。

当电动自行车蓄电池的充电器丢失或出现无法修复的损坏时，可以购买新的蓄电池充电器进行代换。在代换时应了解其相关的参数是否匹配，并遵循以下几点：

1）充电模式需要匹配，在代换时应与之前使用的充电器的充电模式相匹配。

将充电器的输入端插入电源插座，接通220V供电 ①

万用表检测的电压值为57.8V ③

正常情况下，48V充电器的输出电压值应为55～58V

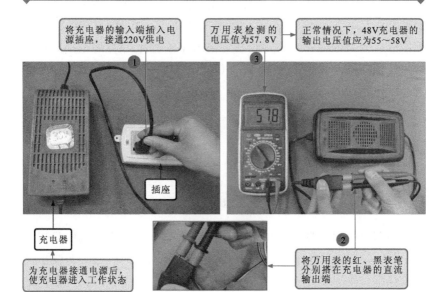

插座

充电器

为充电器接通电源后，使充电器进入工作状态

将万用表的红、黑表笔分别搭在充电器的直流输出端 ②

图 10-21　输出电压的检测方法

检测充电器的输入电压是否正常时，还可以使用万用表检测插座输出的电压是否正常

将万用表的两表笔分别搭在插座的交流输出端 ②

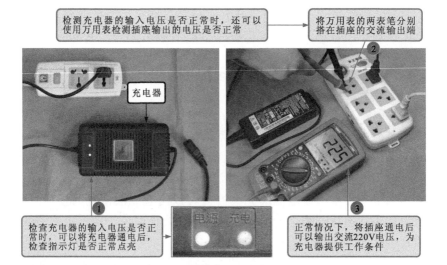

充电器

电源　充电

检查充电器的输入电压是否正常时，可以将充电器通电后，检查指示灯是否正常点亮 ①

正常情况下，将插座通电后可以输出交流220V电压，为充电器提供工作条件 ③

图 10-22　输入电压的检测方法

2）根据蓄电池的容量代换相应的充电器，目前电动自行车和三轮车中使用的蓄电池分为 36V 和 48V 两种，在代换充电器时，应与蓄电池的容量匹配。

3）根据蓄电池的接口选择代换的充电器，由于不同的蓄电池其接口也有所不同，所以在代换充电器时，应当注意其接口的类型再进行选择。

10.3.2　充电器中主要元器件的检修

若在上述检测中，充电器的输入电压正常，但无输出电压值时，则怀疑充电器内部有元器件损坏，此时应将充电器外壳打开，针对充电器电路板上的易损元器件进行检测，如熔断器、桥式整流电路、滤波电容器、开关振荡集成电路、开关晶体管等，通过排查各元器件的好坏，找到故障点并排除故障。

 1. 熔断器的检测

在充电器电路中，由于电流的波动比较大，熔断器很容易被烧坏，因此，在检测其他元件之前，应先检测熔断器是否被损坏。检查时，应先可先对其外观进行检查，观看其表面是否有破损、污物或内部熔丝熔断等现象，如外观一切正常，则需利用万用表对熔断器的阻值进行测量，从而判断熔断器是否损坏。

熔断器的检测方法如图 10-23 所示。

要点说明

如果测得数值为无穷大，说明熔丝已烧坏。引起熔丝烧坏的原因很多，但多数情况是充电器电路中存在过载现象。这时应进一步检查电路，否则即使更换熔断器，可能还会再次烧断。

 2. 桥式整流电路的检测

桥式整流电路主要是将交流 220V 整流后输出 +300V 的直流电压值，若该部分损坏，则会造成充电器无输出电压的故障。在检测桥式整流电路时，可分别对四个整流二极管进行检测，即检测整流二极管的正、反向阻值是否正常。

在检测熔断器阻值之前应先查看熔断器是否有破损、烧焦或内部熔丝熔断等现象

正常情况下测得熔断器阻值趋近于0

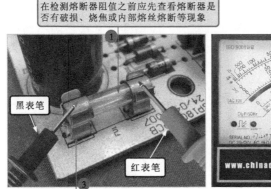

黑表笔

红表笔

将万用表红黑表笔分别搭在熔断器的两端

将万用表量程调至"×1"欧姆档

图 10-23　熔断器的检测方法

正常情况下，整流二极管正向导通，应有一定的阻值；反向截止，阻值应为无穷大。

整流二极管的检测方法如图 10-24 所示。

 3. 滤波电容器的检测

滤波电容器是将桥式整流电路输出的 +300V 电压进行滤波，若桥式整流电路正常，而 +300V 电压不正常时，则需要对该滤波电容进行检测。

一般正常情况下，滤波电容器的阻值为几千欧姆，若测得阻值为几十欧姆或几百欧姆，则表明该滤波电容器已损坏或老化。

滤波电容器的检测方法如图 10-25 所示。

要点说明

在通电情况下检测滤波电容器，有可能接触到交流220V电压，

会对人身安全和电路板本身造成损伤，可连接隔离变压器后再进行检测操作。

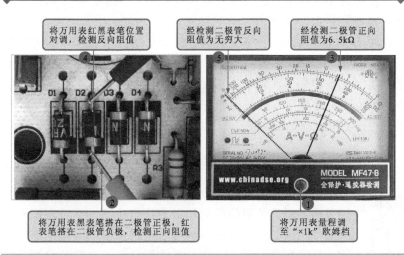

图 10-24　整流二极管的检测方法

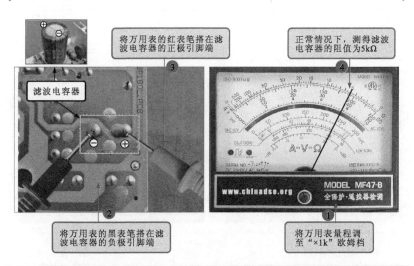

图 10-25　滤波电容器的检测方法

相关资料

　　检测滤波电容器时，还可在开通电源的情况下，测量滤波电容器两端电压是否约为300V。

　　在正常情况下，若测得滤波电容器的电压约为＋300V，表明前级电路正常；若经检测其电压值不正常，表明交流220V输入电路或桥式整流电路部分出现问题，应重点检查。另外，若滤波电容器漏电严重也会引起输出不正常的故障，这时可在不通电的情况下，利用万用表判别性能的好坏。

4. 开关振荡集成电路的检测

扫一扫看视频

　　若怀疑开关振荡集成电路损坏，可在断电状态下，使用万用表对其各引脚的对地阻值进行检测，然后将检测各引脚的阻值与正常开关振荡集成电路各引脚的阻值进行对比，从而判断其是否正常。开关振荡集成电路的检测方法如图10-26所示。

将万用表红黑表笔位置对调，检测①脚的反向对地阻值

正常情况下，测得①脚的反向对地阻值为8kΩ

正常情况下，测得①脚的正向对地阻值为6.6kΩ

将万用表黑表笔搭在开关振荡集成电路的接地端（⑤脚），红表笔依次搭在各个引脚端（以①脚为例）

将万用表量程调至"×1k"欧姆档

图10-26　开关振荡集成电路的检测方法

相关资料

正常情况下，测得开关振荡集成电路各引脚对地阻值，见表 10-1。若测量结果与表中数值差别较大，说明该开关振荡集成电路已损坏。

表 10-1　开关振荡集成电路 KA3842 各引脚对地阻值

引脚	正向阻值/kΩ	反向阻值/kΩ	引脚	正向阻值/kΩ	反向阻值/kΩ
①	6.6	8	⑤	0	0
②	0	0	⑥	6.4	7.5
③	0.3	0.3	⑦	5	∞（外接电容器）
④	7.4	12	⑧	3.7	3.8

5. 开关晶体管的检测

经排查，若怀疑是开关晶体管损坏时，可在断电状态下，使用万用表检测开关晶体管三个引脚间的阻值是否正常。经实际检测，开关晶体管（CS7N60）引脚间的阻值见表 10-2，若测量结果与表中数值差别较大，说明该开关晶体管已损坏。

扫一扫看视频

开关晶体管的检测方法如图 10-27 所示。

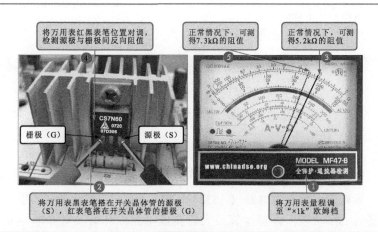

图 10-27　开关晶体管的检测方法

表10-2　开关晶体管各引脚阻值对照表

红表笔	黑表笔	阻值	红表笔	黑表笔	阻值
栅极（G）	漏极（D）	∞（外接电容）	源极（S）	栅极（G）	7.3
漏极（D）	栅极（G）	15.8	漏极（D）	源极（S）	4.3
栅极（G）	源极（S）	5.2	源极（S）	漏极（D）	∞（外接电容）

相关资料

如果检测开关晶体管漏极和源极之间的正、反向阻值偏差均较大，不能直接判断该管损坏，这可能是由外围元器件引起的偏差，此时应将该管引脚焊点断开或焊下，在开路的状态下，利用上述方法再次检测，若测量结果仍不正常则可判断该管可能击穿损坏。

6. 开关变压器的检测

开关变压器的好坏一般可使用示波器检测其信号波形的进行判断。将充电器接通电源，将示波器接地夹接地，示波器探头靠近开关变压器的磁心部分，正常情况下，由于变压器输出的脉冲电压很高，所以通过绝缘层就可以感应到开关脉冲信号。

若能够检测出感应脉冲信号，说明开关变压器本身和开关振荡集成电路没有问题。

开关变压器的检测方法如图10-28所示。

要点说明

不同型号及输出频率的开关变压器感应测得的振荡波形不完全相同，一般若能够感应到规则的脉冲信号波形，则表明开关变压器及振荡电路正常。

7. 运算放大器集成电路的检修

运算放大器集成电路（AS324M-E1）主要用来检测电压以及充电器的工作状态，怀疑运算放大器集成电路损坏时，可在断电状态下，对其各引脚的正、反向阻值进行检测。

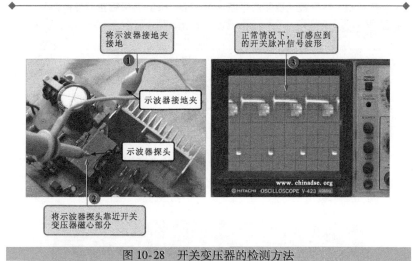

图 10-28　开关变压器的检测方法

运算放大器集成电路的检测方法如图 10-29 所示。

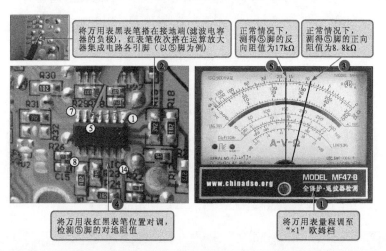

图 10-29　运算放大器集成电路的检测方法

运算放大器集成电路（AS324M-E1）各引脚的正、反向阻值，见表 10-3。若测量结果与表中数值差别较大，则说明该运算放大器集成电路已损坏。

表 10-3　运算放大器集成电路（AS324M-E1）各引脚正、反向阻值

引脚	正向阻值/kΩ	反向阻值/kΩ	引脚	正向阻值/kΩ	反向阻值/kΩ
①	9.4	37.5	⑧	9	56
②	0.7	0.7	⑨	0.5	0.5
③	0.7	0.7	⑩	0.7	0.7
④	5	13.7	⑪	0	0
⑤	8.8	17	⑫	1.7	1.5
⑥	9	56	⑬	0.7	0.7
⑦	9.4	56	⑭	9.3	55

运算放大器损坏时，需要选择同规格型号的运算放大器替换。图 10-30 为运算放大器的代换方法。

在代换运算放大器之前，先根据标识认准引脚安放的位置

将电路板翻转过来，找到运算放大器的背部引脚，并将其焊点清理干净

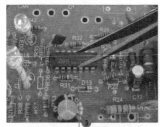

将同一型号的运算放大器进行代换，并将其正确安装到电路板中

将代换的运算放大器安装在电路板中，并使用焊锡丝焊牢固

图 10-30　运算放大器的代换方法

8. 光电耦合器的检修

光电耦合器是由一个光电晶体管和一个发光二极管构成的，若怀疑光电耦合器损坏，可分别检测内部发光二极管和光电晶体管的

正、反向阻值是否正常。

在路检测光电耦合器的引脚阻值时，①脚与②脚的正向阻值为 6.5kΩ 左右，反向阻值为 8kΩ 左右；③脚与④脚的正反向应有一定的阻值，若测得其正、反向阻值相同时，应查看电路板中光电耦合器外围是否安装有其他元器件，若有可将光电耦合器取下后再进行检测。

光电耦合器的检测方法如图 10-31 所示。

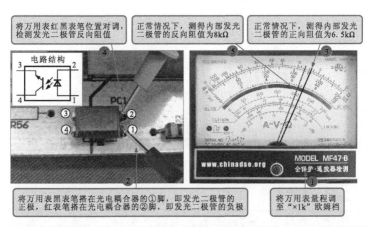

图 10-31 光电耦合器的检测方法

光电耦合器损坏时，需要用同型号对其进行代换。光电耦合器的代换方法如图 10-32 所示。使用电烙铁将损坏的光电耦合器拆卸后，重新将新的光电耦合器焊接到位即可。

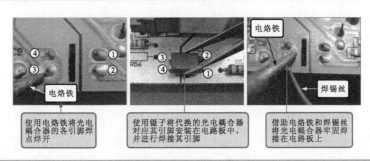

图 10-32 光电耦合器的代换方法

第 11 章

电动自行车常见故障检修

11.1　电动自行车不起动的故障检修

11.1.1　电动自行车电量满但不起动的故障检修案例

 1. 故障现象

一辆捷安特牌电动自行车打开电源开关后，仪表显示满电，喇叭及照明系统工作也正常，但旋动调速转把电动机无任何反应，不起动。

 2. 故障分析

根据其故障特征，电动自行车满电且喇叭和照明系统工作正常，则表明该电动自行车的蓄电池及电源供电电路均正常，而电动机不起动，这时怀疑电动机及其相关的控制电路部分异常，应检查调速转把、闸把、控制器及电动机本身。

 3. 检修流程

对于该类故障进行检修时，一般可先在通电状态下检测由蓄电池为控制器的供电电压，以及经控制器内部稳压后输送到闸把、调速转把的工作电压是否正常。然后再用万用表分别检测闸把及调速转把送入控制器的刹车及调速信号是否正常，若信号不正常，应对闸把和调速转把进行检修或更换；若信号正常，说明闸把及调速转把均正常，接下来可对控制器及电动机进行检测。具体检修步骤如下：

1）首先将万用表置于直流50V档，检测蓄电池与控制器连接插件处的电压值，以及控制器与闸把、调速转把、电动机霍尔元件连接插件的红色供电引线处的电压是否正常，如图11-1所示。

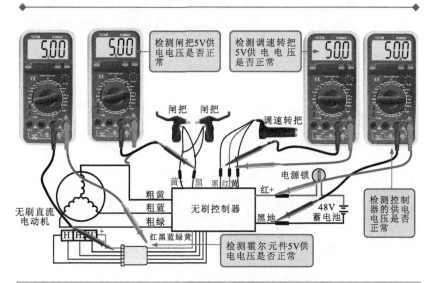

图11-1　检测控制线路中各部件的供电电压

经检测发现，控制器的输入电压约为50V，控制器输入到闸把、调速转把的电压均为5V，说明控制电路中的供电电压均正常。

2）反复握紧和松开闸把时，万用表可测得闸把的信号在0~5V间跳动；旋动调速转把时，监测转把输送到控制器的信号线处的电压值在1~4.2V间变化，由此可见闸把和调速转把输出信号也正常。

3）对控制器输出的信号进行检测。如图11-2所示，将万用表的黑表笔接控制器与电动机霍尔元件之间连接插件中黑色线，红表笔分别接蓝色、黄色、绿色信号线，旋动调速转把至最大速度时，万用表显示电压均为23V左右，表明控制电路也正常，由此可推断应是由电动机本身故障引起的。

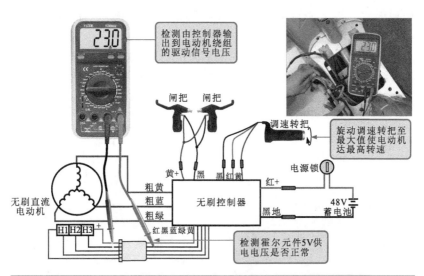

图 11-2　控制器输出信号的检测

4）对电动机部分进行检测时，首先通过对其输出引线的测试，大体判断其故障部位。经控制器与电动机之间连线从接口插件处脱开，分别检测电动机三相绕组中两两之间的阻值，如图 11-3 所示。

经检测，三相绕组的任何两两间的阻值都为无穷大，表明电动机绕组的中性点开焊或三相绕组的接线部分断开。根据维修经验，电动机中性点开焊的情况不易出现，由此可初步推断为电动机三相绕组的接点部分存在断路情况。

5）顺着电动接连连接引线仔细检查发现，电动机三相绕组的引线都在电动机轴端处破损，而且有两根相线已经完全断开，如图 11-4 所示。

电动机的三相绕组及霍尔元件引线自定子上引出后，从其轴端处需要大约 90° 的弯度，是一个较容易出现断路的部位。将断开的引线重新接好，并分别将 3 根引线做好绝缘处理，接好电动机与控制器间插件，通电试车，故障排除。

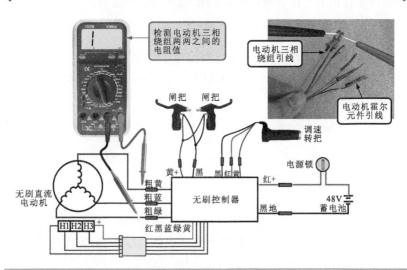

图 11-3　无刷电动机三相绕组间阻值的测试

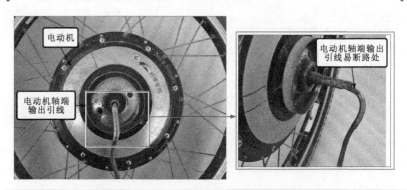

图 11-4　无刷电动机三相绕组的断路部位

11.1.2　电动自行车全车不起动的故障检修案例

 1. 故障现象

一辆宝岛牌电动自行车打开电源开关后，仪表显示没电，喇叭和照明系统也不工作，旋动调速转把电动机也不起动。

 2. 故障分析

根据其故障特征，电动自行车没电，喇叭和照明系统不工作，电动机不起动都表明电动车中的电源部分异常，应重点检查蓄电池和电源电路部分。

 3. 检修流程

首先检查蓄电池输出的电压值是否正常，若电压过低需对蓄电池进行充电或修复；若蓄电池输出电压正常，则应对主供电电路进行检查，找到断路点，并进行修复。具体检修步骤如下：

1）将万用表置于直流 200V 电压档，红、黑表笔分别搭在蓄电池充电插孔的正、负极上，观察万用表读数，如图 11-5 所示。

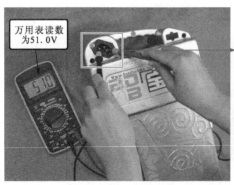 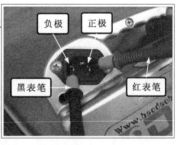

图 11-5　检测蓄电池输出电压是否正常

观察万用表读数可以看到，该 48V 蓄电池的电压为 51.0V，表明蓄电池及其内部连接线路均正常，接下来需对供电线路部分进行重点检测。

2）对供电线路部分检修时，首先检测由蓄电池供给控制器部分的电压是否正常。将万用表置于直流 200V 电压档，黑表笔接控制器黑色较粗的地线，红表笔接控制器电源输入粗红线，用钥匙旋动电源锁开关使其闭合，如图 11-6 所示。

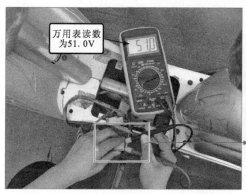
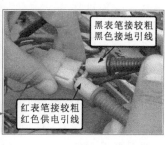

图 11-6　检测控制器的供电电压

　　观察万用表读数可以看到，实测控制器电压为 0，由此怀疑该车不起动的故障是由控制器与蓄电池之间的连接引线断路或电源锁断路造成的。

　　3）将电源锁与控制器及蓄电池的接插件拔下，调整万用表至二极管档，红黑表笔分别接在电源开关输入和输出引线上，插入钥匙，使电源锁处于接通状态，观察万用表显示以及有无接通后的蜂鸣声，如图 11-7 所示。

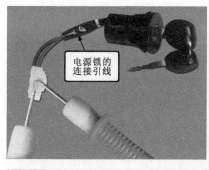
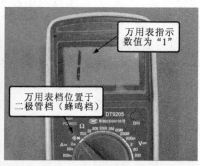

图 11-7　检测电源锁通断

　　实测时，万用表蜂鸣档不响，且显示"1"（表示测量范围溢出，即无穷），表明该故障是由电源锁失效断路引起的。

4）用同型号的电源锁更换后，打开电源锁，仪表显示正常，喇叭和照明系统均能够正常使用，旋动调速转把，电动机起动，平稳运转，故障排除。

11.1.3　电动自行车显示正常但无法起动的故障检修案例

 1. 故障现象

一辆绿源牌有刷电动自行车打开电源开关后，仪表显示满电，喇叭及照明系统工作也正常，但旋动调速转把时电动机无任何反应，无法起动。

 2. 故障分析

在仪表显示正常的同时，按动该电动自行车喇叭及照明灯控制按钮等均正常，表明该电动自行车的电源电路基本正常，应对电动机的控制电路及电动机本身进行检测。

 3. 检修流程

首先电动机的控制电路是否正常，即对控制器、调速转把和闸把部分进行检测，若控制器正常，则说明故障是由电动机及其引线部分不良引起的，可重点对电动机本身及引线进行检测和维修。具体检修步骤如下：

1）首先检查控制器是否正常。打开电动自行车电源开关，万用表分别检测控制器的供电电压、调速转把送入的调速信号、闸把送入的断电信号以及控制器输出端的驱动信号均正常，由此即可排除了调速转把、闸把及控制器的问题，故障范围锁定在电动机及其引线上。

2）接着，先对电动机外部引线进行检测，将万用表置于电阻档，红黑表笔分别搭在有刷电动机的两根引线上，观察万用表读数，如图 11-8 所示。

万用表读数指示为无穷，表明该有刷电动机的供电引线没有破损搭接或短路的地方。

有刷电动机

电动机电刷的供电引线

检测供电引线

图 11-8　检测有刷电动机电刷供电引线

3）将电动机进行拆解，检查其内部电气部件是否存在故障。当按照正确的步骤进行拆解后，发现电动机的电刷已严重磨损，且在换向器下方堆积有大量的碳粉，如图 11-9 所示。由此怀疑是由于该电动机的电刷严重损坏无法与换向器接触造成电动机不起动的故障。

电动机内堆积的碳粉

磨损严重的电刷

图 11-9　出现严重磨损的电刷

4）将电动机中的粉屑清理干净，然后用新的性能良好的电刷更换，如图 11-10 所示。

5）调整电刷的位置及弹簧的松紧程度，转动电动机转子部分适当磨合电刷头，使其与换向器接触状态良好。最后将电动机严格按照要求进行重装，做好调试及测试后，通电试机，发现故障排除。

 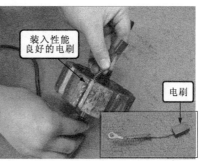

取下磨损
严重的电刷

装入性能
良好的电刷

电刷

图 11-10   更换电动机电刷

11.1.4   电动自行车电动机进水后无法起动的故障检修案例

 1. 故障现象

一辆阿米尼牌无刷电动自行车电动机不慎进水后，不能起动，但电动自行车仪表显示正常，照明系统及喇叭也正常。

 2. 故障分析

通常情况下，电动自行车的电动机均有一定密封性，但尽量不要在大雨天气或路面积水过多的情况下行车，否则骑行较长时间后，气密性一旦降低，就很容易导致电动机进水或内部潮湿。

对于电动机进水的故障，一般首先可采用烘干法，即用热源烘干电动机内部，看是否能够排除故障，若烘干后，故障依旧，则多是由电动机内部短路引起的，应重点对其霍尔元件及引线部分进行检修。

 3. 检修流程

对电动机拆解前，仍需要先排查一下电动机控制电路部分故障，若控制电路均正常，在按照上述分析步骤对电动机进行拆解和处理。

1）首先打开电源开关，将闸把开关引线与控制器连接插接拔开，旋动调速转把，电动机仍不能起动，排除闸把部分故障；然后用一根导线短接调速转把的信号线和电源线正极，电动机仍不转动，从而也排除调速转把部分的故障。

2）用万用表电压档检测控制器输出端的电压值，均在正常范围内，也排除了控制器的故障，由此，将故障锁定在电动机部分。

3）按照正确的操作方法，将电动机一侧的端盖松动，并将电动机放到阳光下进行晾干或用吹风机将电动机内部吹干。

4）经测试后发现故障依旧，怀疑电动机内部存在短路故障。对于无刷电动机来说，可能引起短路故障的主要有引线和霍尔元件部分，重点对这两个部件进行检查和测试。

5）将数字万用表调至二极管档，并将电动机与控制器之间的连接插件断开，用黑表笔接霍尔元件插件的黑色线（接地线），红表笔搭在红色供电线上，如图 11-11 所示。

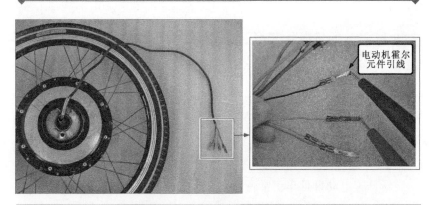

电动机霍尔元件引线

图 11-11　检测电动机霍尔元件供电端与接地端的阻值

万用表显示读数为零，怀疑引线短路或霍尔元件短路。

6）从接口插件处到电动机轴端检查引线均未发现异常，由此怀疑可能电动机内部的霍尔元件可能存在短路故障。

7）将各个霍尔元件的引线断开，在其引脚上检测其供电引脚与接地引脚间的阻值，如图 11-12 所示。

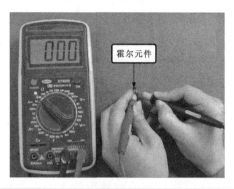

图 11-12　检测霍尔元件引脚间的阻值

经检测发现霍尔元件供电引脚与接地引脚间的阻值仍为零，可确认霍尔元件已短路损坏，用同型号的霍尔元件进行替换后，将电动机重装，进行调整和测试后，通电试车，故障排除。

11.2　电动自行车调速失常的故障检修

11.2.1　电动自行车无法定速的故障检修案例

 1. 故障现象

新日牌电动自行车正常行驶，按下巡航功能钮后，无法定速。

要点说明

目前，大多数电动自行车都带有巡航功能，巡航功能控制按钮安装在转把上，当骑行时达到一定速度，并且想在该速度下匀速骑行时，可按下转把上的巡航控制按钮，即使握住转把的手松开，也能够以当前速度行驶，直到按下刹车或再次旋动转把时解除巡航功能。

2. 故障分析

电动自行车的巡航功能控制按钮按下时，无法定速，根据故障现象得知，电动自行车能正常行驶，说明其蓄电池供电正常，由此初步将故障范围锁定巡航控制按钮和巡航功能引线或连接插件上。

 3. 检修流程

按图 11-13 所示，检测巡航功能控制按钮接触是否良好。

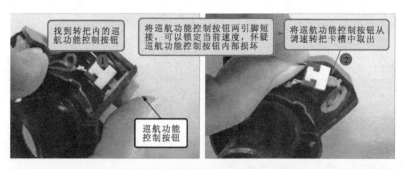

图 11-13　检测巡航功能控制按钮接触是否良好

经检测怀疑巡航功能控制按钮内部损坏，可以采用替换法来对其进行检测。

按图 11-14 所示，更换巡航功能控制按钮，排查巡航功能控制按钮故障。

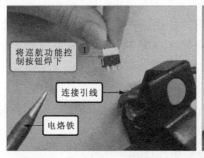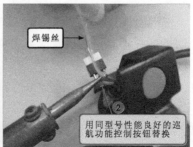

图 11-14　用替换法更换和检查巡航功能控制按钮

将电动自行车的巡航功能控制按钮进行更换后，开通电源锁，电动自行车正常行驶，并且可以实现定速，故障排除。

相关资料

有些电动自行车转把上未设置巡航控制按钮，但该类电动车一般具有自动巡航功能，即当旋动调速手柄至一定速度后，保持该速度30s左右不变化，电动自行车便自动锁定以当前速度行驶，即使松开转把手柄也能保持住，直到握下闸把断电或再次旋动转把调整速度时解除锁定。

11.2.2　电动自行车调速不稳的故障检修案例

1. 故障现象

在骑行小鸟牌电动自行车时，缓缓转动转把，电动机的速度控制不稳定，整车行驶时不平稳。

2. 故障分析

出现上述故障现象怀疑是转把内部零件有损坏，导致其输出的调整信号不稳定，送到控制器中进行处理后，给电动机的信号也不平稳，所以使得电动机旋转速度失常。

3. 检修流程

根据对该故障的分析，应查看转把内部的器件是否有损坏，如磁钢是否有松动、霍尔元件是否有脱落现象或焊接处虚焊以及相关引线部分。

按图11-15所示，检查转把内部磁钢是否完好。

经查，磁钢没有松动的现象，不会造成磁钢与霍尔元件相对位置不稳定，则进一步检查转把内的霍尔元件是否损坏。

按图11-16所示，检查转把内霍尔元件是否完好。

①将调速转把拆开

②检测磁钢是否松动或脱落现象

图 11-15　检查转把内部磁钢是否完好

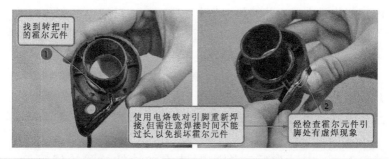

①找到转把中的霍尔元件

使用电烙铁对引脚重新焊接，但需注意焊接时间不能过长，以免损坏霍尔元件

②经检查霍尔元件引脚处有虚焊现象

图 11-16　检查转把内霍尔元件是否完好

将转把内霍尔元件虚焊引脚焊好后，开通电源锁，电动自行车正常行驶故障排除。

11. 2. 3　电动自行车速度时快时慢的故障检修案例

 1. 故障现象

赛克牌电动自行车在行驶中出现时快时慢，速度不稳定，甚至有时电动机不转动的故障。

 2. 故障分析

根据其故障无规律性的表现，基本可以判断为该电动自行车出现某个元器件性能变差、线路虚焊或接触不良的故障。根据维修经验，引起该故障的原因主要有以下几点：

　　1）电动自行车主供电电路不良，导致输出的直流电压不稳定，引起控制器供电不良。

　　2）调速转把内部异常，弹簧或霍尔元件不良，造成输出电压不稳。

　　3）控制器内部相关元件不良，引起输出的驱动信号不稳等。

 3. 检修流程

为确认具体故障部位，遵循先外后内、先简单后复杂的检修顺序首先检查主供电电路部分是否正常，将检测主供电电路在加电状态下能够保持 50V 左右，正常；调整调速转把在某一位置后，其输出的控制信号电压也能够保持稳定，表明调速转把也正常。

由上述分析可知，该电动自行车车速不稳的故障多为控制器不灵敏引起的，下面对控制器部分进行检修。

打开控制器外壳，可以看到该无刷电动机控制器由 NEC F9234 单片机作为控制芯片，对该控制器的检修方法如图 11-17 所示。

将电路板上的康铜丝重新焊接牢固后，通电实验，故障排除。

11.2.4　电动自行车刹车时速度加快的故障检修案例

 1. 故障现象

在骑行富士达牌电动自行车时，行驶过程中均正常，但是在使用刹车功能时，电动机不但没有停止行驶，反而加速运行。

 2. 故障分析

该电动自行车使用的电动机为 36V 无刷直流电动机，对于这类的故障，通常先检测闸把输出的电压是否正常，然后再检测电动机及供电系统是否正常。

 3. 检修流程

通过对故障的分析，首先检测闸把在正常和刹车状态下的输出电压是否正常；对电动机及供电系统的检测，通常是在转动转把的同时，使用万用表检测电动机的电压端的电压是否有 0～30V 的变化。具体检修步骤如下：

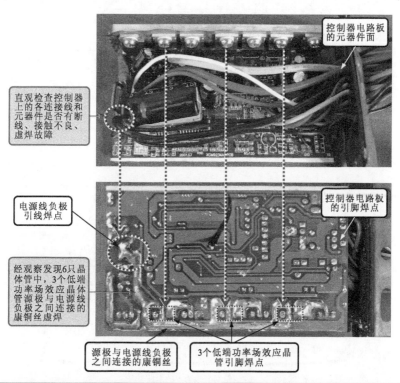

图 11-17　电动自行车车速不稳故障中的控制器检修实训

1）找到闸把与控制器相接的插件，然后使用万用表检测闸把在断开和闭合后输出的电压是否正常，如图 11-18 所示。正常情况下，扳动闸把后，输出的电压应为 3.9V，在正常行驶的过程中，其输出电压应为 0V。

2）经检测闸把的输出电压正常，则需要对电动机及供电系统进行检测，如图 11-19 所示。当转动转把时，电动机供电端的电压应有一个从低到高的变化；而松开转把时，该处的电压应从高到低有一个渐变。经实现检测后，发现该电动自行车的供电系统正常。

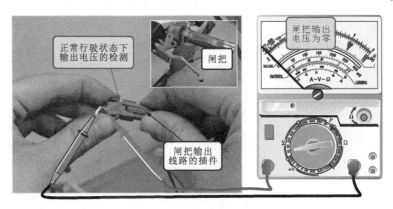

a) 正常行驶状态下闸把输出的电压

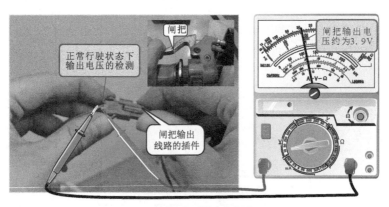

b) 扳动闸把后输出的电压

图 11-18　闸把输出电压的检测方法

3) 扳动电动自行车左、右任一闸把后，检测电动机的供电端电压值，如图 11-20 所示。此时检测电动机的供电电压升为 37.5V，说明刹车的信号电压是直接加到了控制电路中功率管的控制极，使其完全处于导通的状态，使电动机的供电电压增加了 $\frac{1}{5}$ 左右。

4) 引起该现象的原因，主要是控制器内的激励脉冲调制集成块 TL494 损坏，对集成块进行更换后，试刹车操作，故障排除。

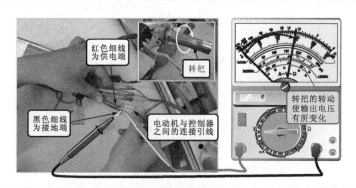

图 11-19　电动机及供电系统的检测

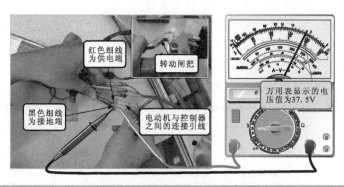

图 11-20　检测闸把为电动机的供电电压

11.3 电动自行车供电失常的故障检修

11.3.1 电动自行车充电器不能充电的故障检修案例

 1. 故障现象

使用博宇牌充电器为蓄电池进行充电时，接入市电及蓄电池时电源指示灯和充电指示灯不亮，无法为蓄电池进行充电。

 2. 故障分析

充电器电源指示灯不亮，表明其开关电源未工作，主电压无输出，打开充电器外壳，首先检查其熔断器是否熔断。

经检测其阻值为零，说明熔断器熔丝正常。根据维修经验，熔断器正常，表明电路中负载部分无明显短路故障，应重点检查开关振荡电路部分。通常情况下，可使用万用表检测开关管 D 极电压（300V）是否正常，若开关管 D 极电压正常，而电源仍无输出，则说明开关管未工作，应检查起动电阻、开关管有无极间开路、短路以及稳压控制电路是否正常等；若开关管 D 极无电压，一般应检测限流电路有无开路、电源线是否正常等。

在进行检修前，先对照其电路原理图，对电路结构及信号流程有一个大体了解，然后确定检测部位，找到待检测的元器件。图 11-21 所示为博宇牌充电器的电路原理图。

该充电电路的充电过程如下：

交流 220V 电压经熔断器 FU、互感滤波器 T1 后送入桥式整流电路 VD1～VD4 进行整流，输出约 300V 直流电压，再经滤波电容 C2、C3 滤波后，经起动电阻 R3 加到开关振荡集成集成电路 IC1（UC3842）的⑦脚，为 IC1 提供起动电压。

同时，300V 直流电压经开关变压器 T2 的一次绕组 L1 加到开关晶体管 VT1 的漏极，开关晶体管的源极经 R14 后接地，栅极受开关振荡集成电路 IC1⑥脚控制。

IC1 的⑦脚接收到起动电压后，其内部的振荡器起振，IC1 的⑥脚输出开关振荡信号，使开关晶体管 VT1 开始振荡，由此使开关变压器 T2 的初级绕组线圈中产生开关电流。

开关变压器 T2 的二次绕组 L2 输出交流电压经 VD6 稳压、C5、C6 滤波后，一路作为正反馈电压加到 IC1 的⑦脚，另一路经限流电阻加到光电耦合器 IC4 中，为光电晶体管供电。

开关变压器 T2 的二次绕组 L3 输出开关脉冲信号，该交流信号经二极管 VD10 整流、C15 滤波后输出直流稳定的电压，为电动自行

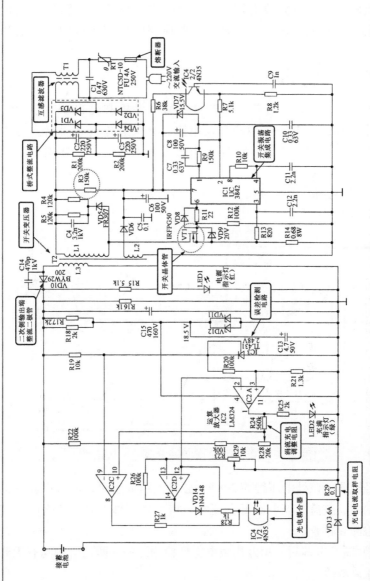

图 11-21　博字牌充电器的电路原理图

车的蓄电池进行充电。

除此之外，运算放大器 IC2（LM324）及外围电路构成其电压控制电路；光电耦合器 IC4、误差检测电路 IC3 等构成其稳压电路。

3. 检修流程

根据故障分析，可首先检测开关管的漏极有无 300V 电压值，若电压正常，再进一步检测起动电阻、开关管本身等部分；若电压不正常则检测交流输入电路及电源线是否正常。具体检修步骤如下：

1）首先用万用表直流 500V 电压档检测开关管漏极的电压值，如图 11-22 所示。

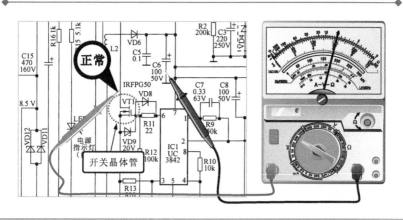

图 11-22　用万用表检测开关管漏极的电压值

经检测，该处电压约为 308V，正常。由此也可说明该电路中的交流输入、整流滤波电路部分正常，接下来应重点对开关振荡电路进行检测和排查。

2）断开电源后，用万用表电阻档检测开关管两两引脚间有无开路或短路故障。

实测时，开关晶管各引脚间均有一定的阻值，由此可以判断，该开关管基本正常。

3）在交流输入、整流滤波及开关管均正常的条件下，开关电源不起振，由此可以推断故障应是由开关振荡电路部分不工作引起的，可用万用表直流电压档检测开关振荡集成电路的起动电压是否正常，如图 11-23 所示。

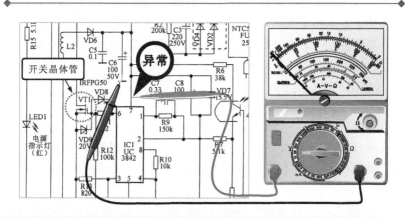

图 11-23　检测开关振荡集成电路的起动电压

用万用表实测 IC1⑦脚起动电压为零，怀疑起动电路部分故障，应对起动电阻 R3 进行检测。

4）断开电源后，将万用表调整至"×1k"欧姆档，红、黑表笔分别搭在起动电阻 R3 两端引脚上。

实测起动电阻阻值趋于无穷大，怀疑电阻器损坏，将其从电路板上焊下后，重新检测，阻值仍为无穷大，说明电阻器已经开路，用相同材料和规格的电阻器进行替换后，通电实验，充电器指示灯亮，故障排除。

11.3.2　电动自行车接通电源即烧熔断器的故障检修案例

 1. 故障现象

典型有刷电动自行车接通电源锁后，发现蓄电池的熔断器烧断，当更换新的熔断器后，开机仍然会烧断。

2. 故障分析

蓄电池的熔断器烧毁，说明负载部分存在短路故障。一般蓄电池的负载中可能出现短路的部位或原因有：①主供电电路中存在破损，引起正负极短接或与金属车架碰触引起短路故障；②大灯内部或其供电电路部分存在短路；③喇叭内部或其供电电路部分存在短路；④仪表盘内部或其供电电路部分存在短路；⑤电源锁内部短路；⑥电动机内部短路；⑦控制器内部短路。

 3. 检修流程

排查外部各种可能引起故障的原因，如检查供电电路是否存在破损现象，如有应进行绝缘修复。大灯、喇叭、仪表盘、电源锁、电动机及控制器等部分一般可按如下方法进行排查，将故障排除。

1）首先排查外部各种可能引起故障的原因，如检查供电电路是否存在破损现象。如有破损部位，应将供电线路重新连接，并进行绝缘修复，排除供电线路中出现的正负极短路情况。

2）依次断开电动机霍尔元件和三相绕组与控制器之间插头，并打开电源锁，检查蓄电池盒内的熔断器是否仍会被烧断。若不再烧断，则表明该故障是由电动机短路引起的，应维修或更换电动机；若仍烧断，则排除电动机故障。

3）如图11-24所示为用替换法更换控制器，再次检查是否仍烧熔断器。经检查发现，更换控制器后不再烧熔断器，由此表明原控制器故障，应对控制器内部进行检修。此时可将控制器进行拆解，以此来了解其内部结构组成和检测要点，为进一步排除故障做好准备。

4）经上述检测可以了解到，该电动自行车开电源烧熔断器的故障是由控制器引起的，则接下来可对控制器内部电路板进行检测，排除可能存在短路的易损元器件。一般可顺其电路信号流程，从电路输出端逐级往前级电路进行检查，首先检查三组功率管是否正常。如图11-25所示为控制器内部电路板功率管实物外形。

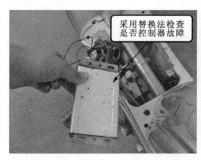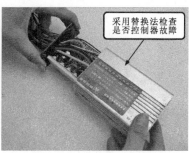

图 11-24　用替换法更换控制器

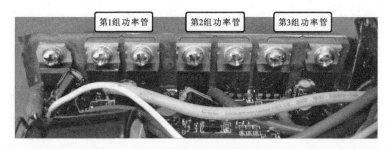

图 11-25　控制器内部电路板功率管实物外形

　　图 11-26 所示电动自行车控制器的电路原理图。该控制器电路主要是由控制芯片 IC1（LB11820S）、驱动放大器 IR2103、双电压运算放大器 LM358、六反相器 CD4069、功率管 VT1～VT6 等部分构成的。其中，LB11820S 用于 PWM 脉冲形成、调速控制、刹车控制、欠电压保护等；IR2103 则用于激励信号放大；LM358 用于保护信号放大；CD4069 用于激励脉冲倒相放大；功率管 VT1～VT6 用于将驱动信号进行功率放大。

　　从电源供电电路中可以看到，由电池输出 36V 电压，并经三端稳压器后输出 +12V 直流电压，为电路中其他元器件提供工作条件。由图中可知，36V 直流电压为该电路中驱动电动机线圈的三组场效应晶体管提供驱动电流；而 12V 电压则为核心部分专用集成电路 IC1 LB11820S 和三个驱动芯片 IC3～IC5 提供工作电压。

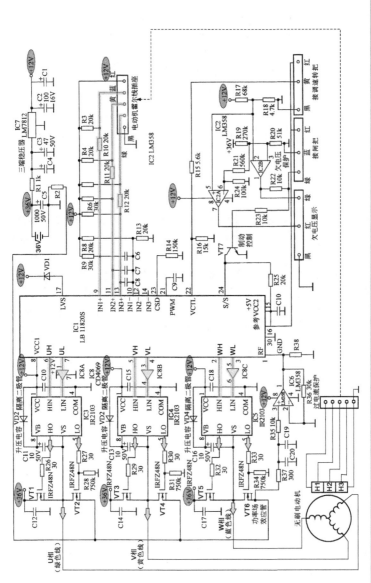

图 11-26 故障无刷电动自行车控制器的电路原理图

图中，灰色线部分为主要的信号流程，它是以控制芯片为核心，输入信号来自由霍尔元件感知的位置信号，输出端则将该信号处理后输出的 PWM 控制信号，三组 PWM 控制信号经三个驱动集成电路后输出分别用于驱动电动机转动的信号，如图中的箭头所示。

5）用万用表检测控制器电路中输出端功率管引脚间的阻值，检测方法如图 11-27 所示。经检测其正、反向阻值均为零，怀疑该功率管已击穿短路。

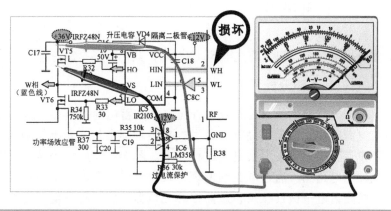

图 11-27　用万用表检测控制器电路中输出端功率管引脚间的阻值

6）接着检测与该功率管同一组的另外一只晶体管，通常情况下，同一组的功率管一只击穿损坏后也会导致另一只击穿损坏。经实际检测控制器中 VT5、VT6 两只功率管均已击穿，拆下 VT5、VT6 后再检查其他元器件时，发现 IC5 的⑤脚对地阻值接近于零。

由此怀疑该集成电路内部存在短路故障，此时用同型号的两只场效应晶体管和一只集成电路更换后，再次在路情况下检测引脚间阻值恢复正常，通电试机后，故障排除。

要点说明

控制器内部短路引起烧熔断器的故障一般有以下三种情况：

1）控制器输出端某一相的两只驱动场效应晶体管同时击穿，引起正负极短路故障。

2）控制器内部滤波电容器击穿损坏，引起正负极短路。

3）控制器内部元器件与金属外壳接触，引起正负极短路。

检修时应实际情况实际分析，最终排除故障。

11.3.3　电动自行车蓄电池不能充电的故障检修案例

 1. 故障现象

新日牌电动自行车的蓄电池使用完电量后，对其进行充时，充电器的指示灯亮，但发现充电 5h 左右后，其内部还是没有电。

 2. 故障分析

根据故障的现象，首先应检查充电器和蓄电池的连接以及充电器与电源插座连接是否完好，通过检查发现通电后，充电器的指示灯正常点亮，但无法为蓄电池进行充电。图 11-28 所示为该电动车充电器的电路图。通过电路图发现，该充电器设置的继电器主要是为了防止蓄电池极性接反，从而损坏充电器，但这种继电器触头容量太小，有可能造成打火灼伤触头使触头接触不良，所以应重点检测该电路以及控制电路。

 3. 检修流程

对于该故障，首先将充电器与蓄电池进行连接，使用万用表检测充电器输出端是否有电压，然后再检测蓄电池防反接电路中的元器件是否有损坏。具体检修流程如下：

1）先将电源板、充电器及蓄电池进行连接，接着检测充电器的输出端是否有电压输出。

经检测后，发现并没有电压输出，说明充电器输出部分损坏，应进一步检测其他的器件是否有损坏。

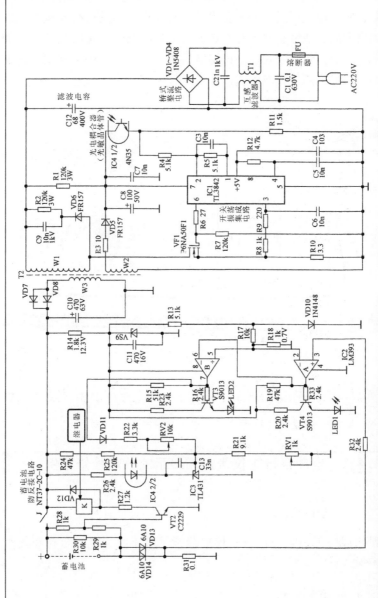

图 11-28　该电动车充电器的电路图

2）充电器在接通电源时，继电器 J 的触头应闭合并发出吸合声，才可能正常有电流通过，并为蓄电池进行充电，对其进行检查时，发现接通电源后，该触头并无吸合的声音，经检测也没有电流通过。如图 11-29 所示，经检测后发现该继电器本身有损坏，更换同型号的继电器后，接通电源，充电器能正常为蓄电池进行充电，故障排除。

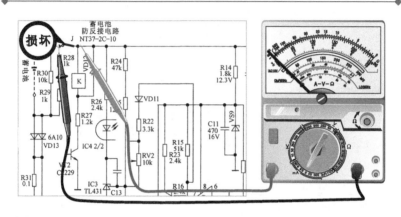

图 11-29　继电器的检测方法

11.4　电动自行车部分功能失常的故障检修

11.4.1　电动自行车仪表盘无显示的故障检修案例

 1. 故障现象

都市风牌无刷电动自行车仪表盘指示灯不亮，电动自行车能够正常行驶。

 2. 故障分析

根据故障表现可知，电动自行车仪表盘不亮，但其他功能正常，说明故障发生在与仪表盘直接相关的部件。图 11-30 所示为电动自行车整机接线图。

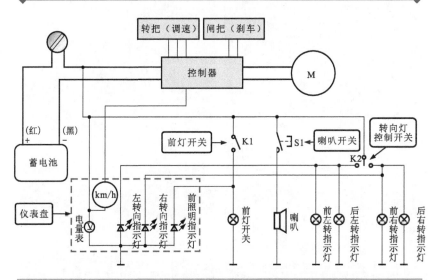

图 11-30　电动自行车整机接线图

由图 11-30 可知，电动自行车仪表盘由蓄电池直接供电，因此通常引起无刷电动自行车仪表盘无显示、电动车也能行驶故障的主要原因是指示仪内部损坏。为确认具体故障部位，遵循先外后内、先简单后复杂的检修顺序首先检查外部的连接线是否有松动，若检查后还是无法排除故障，再对显示仪表进行拆卸和检测，盲目地拆卸显示仪表容易造成重装或调整不良，引起内部损坏。

 3. 检修流程

通过上述故障分析，先观察通电后仪表盘的反应。正常情况下，在开启电源后，显示仪表盘的指示灯应亮起，而此时仪表盘无任何反应，则应重点监测电路板中的相关元器件以及输入信号等是否正常。

按图 11-31 所示，对仪表盘电路板进行拆卸。

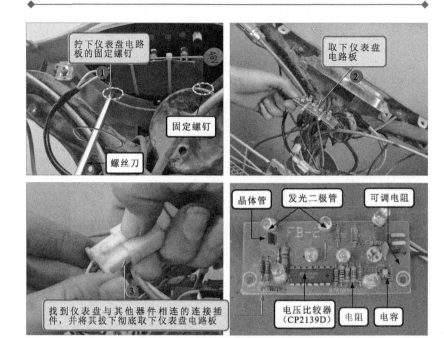

图 11-31　对仪表盘电路板进行拆卸

完成以上操作步骤后，无刷电动自行车仪表盘电路板就拆下来了，下面对仪表盘电路板进行进一步检测处理。首先用万用表检测指示仪表中发光二极管其好坏，用万用表分别检测发光二极管正向导通和反相截止的特性，再对发光二极管的电阻值进行检测。

按图 11-32 所示，使用万用表检测二极管阻值是否正常。

经检测发光二极管正反向阻值为无穷大，表明该发光二极管已击穿损坏，用相同规格的发光二极管进行更换。

发光二极管更换后，为确保检修质量，还应对电压比较器相关的芯片进行检测和判断。发光二极管的击穿可能直接导致该芯片的烧毁，若该芯片损坏，也将导致无刷电动自行车仪表盘无显示、电动车也能行驶。

对于电压比较器（CP2139D）的检测，可在断电情况下，对其正、反向对地阻值判断该芯片是否损坏。

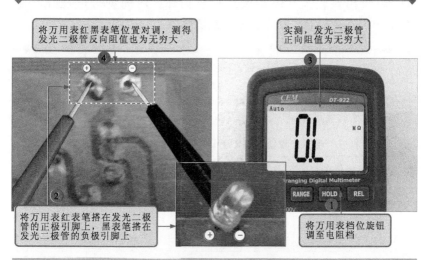

将万用表红黑表笔位置对调，测得发光二极管反向阻值也为无穷大

实测，发光二极管正向阻值为无穷大

将万用表红表笔搭在发光二极管的正极引脚上，黑表笔搭在发光二极管的负极引脚上

将万用表档位旋钮调至电阻档

图 11-32　检测二极管阻值是否正常

按图 11-33 所示，使用万用表检测电压比较器各引脚的正、反向阻值。

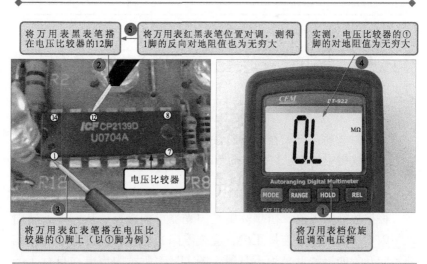

将万用表黑表笔搭在电压比较器的12脚

将万用表红黑表笔位置对调，测得1脚的反向对地阻值也为无穷大

实测，电压比较器的①脚的对地阻值为无穷大

电压比较器

将万用表红表笔搭在电压比较器的①脚上（以①脚为例）

将万用表档位旋钮调至电压档

图 11-33　检测电压比较器各引脚的正、反向阻值

经检测，该电压比较器（CP2139D）各引脚对地的阻值均与正

常值对照相差较大，怀疑该芯片已损坏，用同型号电压比较器（CP2139D）更换后，试车，发现故障排除。

相关资料

其正常情况下，各引脚的正、反向对地阻值见表 11-1，可作为实际检测时的重要参考依据。

表 11-1　电压比较器（CP2139D）各引脚的正、反向对地阻值

引脚号	正向阻值/kΩ	反向阻值/kΩ	引脚号	正向阻值/kΩ	反向阻值/kΩ
①	7.5	9	⑧	6	6.3
②	8	∞	⑨	2	2
③	7.5	8.5	⑩	6.5	6.5
④	6.5	7	⑪	3	2
⑤	2	2	⑫	0	0
⑥	6	6	⑬	8	∞
⑦	2	2	⑭	8	∞

11.4.2　电动自行车的转向灯不闪烁的故障检修案例

1. 故障现象

飞科牌电动自行车在正常行驶的过程中，扳动左、右转向灯开关，显示仪表中的指示灯和转向灯均亮，但是不闪烁。

2. 故障分析

根据故障的现象，初步怀疑是闪光器可能接反，从而导致转向灯不闪烁；若闪光器连接正确，应查看闪光器与转向灯泡是否匹配或转向开关的接触点是否不良等。图 11-34 所示为该电动自行车的转向灯电路图。

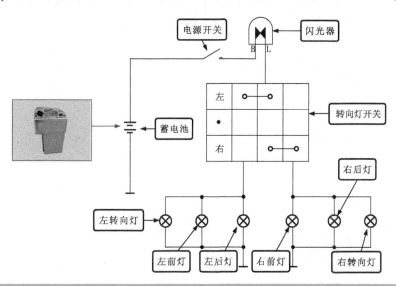

图 11-34　电动自行车的转向灯电路图

 3. 检修流程

通过对故障的分析，首先查看闪光器与外电路的连接是否正确，在连接正确的情况下，查看转向灯的规格是否和电动自行车相符，若其型号也匹配的情况下，应以替换法查看闪光器自身是否有损坏，在检修过程中，可以参考图 11-35 所示的检修流程。

1）在闪光器的接线柱中，标有字母 L 字样的应与转向灯相连接，标有字母 B 的接线柱应与蓄电池相连接，若其连接线接反，会引起转向灯亮不闪烁的故障。

值得注意的是，电容式闪光器和电子式闪光器的极性连接错误很容易造成闪光器损坏，连接之前应注意区分。

2）蓄电池的电量过低时，也会使转向灯不能闪烁，在检测蓄电池的电量时，可以通过显示仪表的显示进行判断，当蓄电池的电量过低时，显示仪表中的电量指示会有所下降。

3）对于闪光器是否损坏进行判断时，可以采用替换法，以相同型号的闪光器替换现有的闪光器后，再次扳动转向灯开关，若还是不闪烁，可以更换灯泡排除故障，更换转向灯后，再次扳动转向灯开关，转向灯闪烁正常，说明转向灯泡本身有损坏。

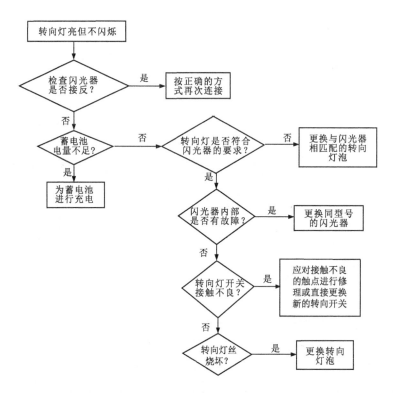

图 11-35　电动自行车转向灯亮不闪烁的故障检修流程

11.4.3　电动自行车转向灯全不亮的故障检修案例

 1. 故障现象

尼克尼亚牌电动自行车打开电源开关，或左、或右扳动转把开关，转向灯都不亮。

2. 故障分析

若转向灯全不亮，除转向灯全部烧毁外，故障可能发生在信号电路总线上，也可能发生在转向灯电路公共部分，如闪光器内部、触电严重饶娇、接触不良，转向开关严重损坏及转向开关严重损坏及转向灯电路的公共部分出现断路、短路等。

 3. 检修流程

为确认具体故障部位，遵循先外后内、先简单后复杂的检修顺序，对电动自行车进行检修。

1）拆开左、右后转向灯罩，取下灯泡并检查。如图 11-36 所示。若左、右转向灯全部烧毁，则表明转向灯不亮的原因是灯泡全部烧毁导致的，应全面检查灯泡为何烧毁；若左、右转向灯泡都正常，则表明转向灯泡全不亮的原因是由信号电路总线或转向灯电路总线某处出现故障，接着再往下检查。

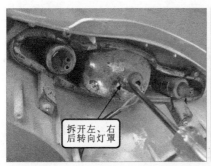

拆开左、右后转向灯罩

取下灯泡并检查

图 11-36　拆开左、右后转向灯罩，取下灯泡并检查

2）打开电源开关，按下电喇叭或握下闸把。若无正常声音、光现象，则表明转向灯不亮的原因是转向灯电路总线上；若有正常声音、光现象，则表明转向灯全不亮的原因是转向灯电路总线某处有故障，接着再往下检查。

3）打开电源开关，短接闪光器两接线柱，或左、右扳动转向开关，若转向灯正常工作，则表明闪光器有故障，应找同型号的闪光器进行更换。若转向灯仍然不工作，再往下检查。将万用表的量程调整为"直流10V"电压档，检测闪光器输出、输入接线柱的对地电压值，若两个接线柱对地电压都正常，则表明后继电路都正常。若只有一个接线柱对地电压正常，则表明闪光器损坏；若两个闪光器都无输出电压，则说明闪光器无电压输入，接着再往下检查。

　　4）找到转向开关引线，用万用表的"直流10V"电压档，检测转向开关中间级的对地电压。若无电压显示，则表明闪光器和转向开关之间连接断路或有其他故障；若有电压显示，则说明故障可能在转向开关。此时，再用万用表分别测量转向开关左、右极的电压情况。若一级或二级都无电压显示，则说明故障就在转向灯开关，应进行更换；若左、右转向开关都有正常的电压显示，则说明转向开关输出某线处断路。

11.5　电动自行车其他故障检修

11.5.1　电动自行车喇叭无声的故障检修案例

1. 故障现象

　　一辆安琪尔牌电动自行车在正常行驶过程中，按动其喇叭按钮，没有任何反应，但是其他功能均能正常使用。

2. 故障分析

　　当电动自行车的喇叭不出声时，首先应检查蓄电池的电量是否充足，根据故障现象得知，电动自行车能正常行驶，说明其蓄电池供电正常，由此初步将故障范围锁定在喇叭开关和喇叭本身上。电动自行车喇叭的工作原理如图11-37所示。

　　由于电动自行车喇叭电路比较简单，在检修时，应重点检测喇叭开关和喇叭本身是否出现故障。

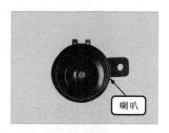

图 11-37　电动自行车喇叭的工作原理

 3. 检修流程

对于该故障，首先需要检查喇叭开关是否失灵，若开关没有故障，很可能是喇叭本身出现了故障，应对其进行更换。

11.5.2　电动自行车调速转把转动的同时喇叭响的故障检修案例

 1. 故障现象

一辆电动自行车因调速控制失常故障更换调速转把后，转动调速转把时电动自行车的喇叭响，按动喇叭的开关时也能正常发出声响。

 2. 故障分析

根据上述故障表现，基本可以推断该故障为更换转把时接线不准确引起的，应检查调速转把的连接部分。

 3. 检修流程

对调速转把进行检修时，连接引线的部位进行检查或重新连接。

1）首先将控制器与调速转把之间连接部分重新拆开，检查调速转把各引线的连接是否正常。

2）最好能够对照控制器的接线图进行检查，特别注意喇叭及调速转把部分的连接情况，图 11-38 所示为一般控制器带有的接线图。

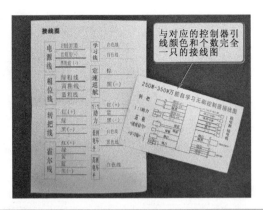

图 11-38　控制器的接线图

3）将调速转把先从车把上分离出来，将引线部分穿过电动自行车车体部分，顺其车架将引线与其他引线进行绑扎固定，注意与喇叭引线分开，使其有一定的距离。

4）重新将调速转把的三根引线对应连接控制器的引线，进行绝缘处理后，重装电动自行车前部，通电检测，故障排除。